주 의

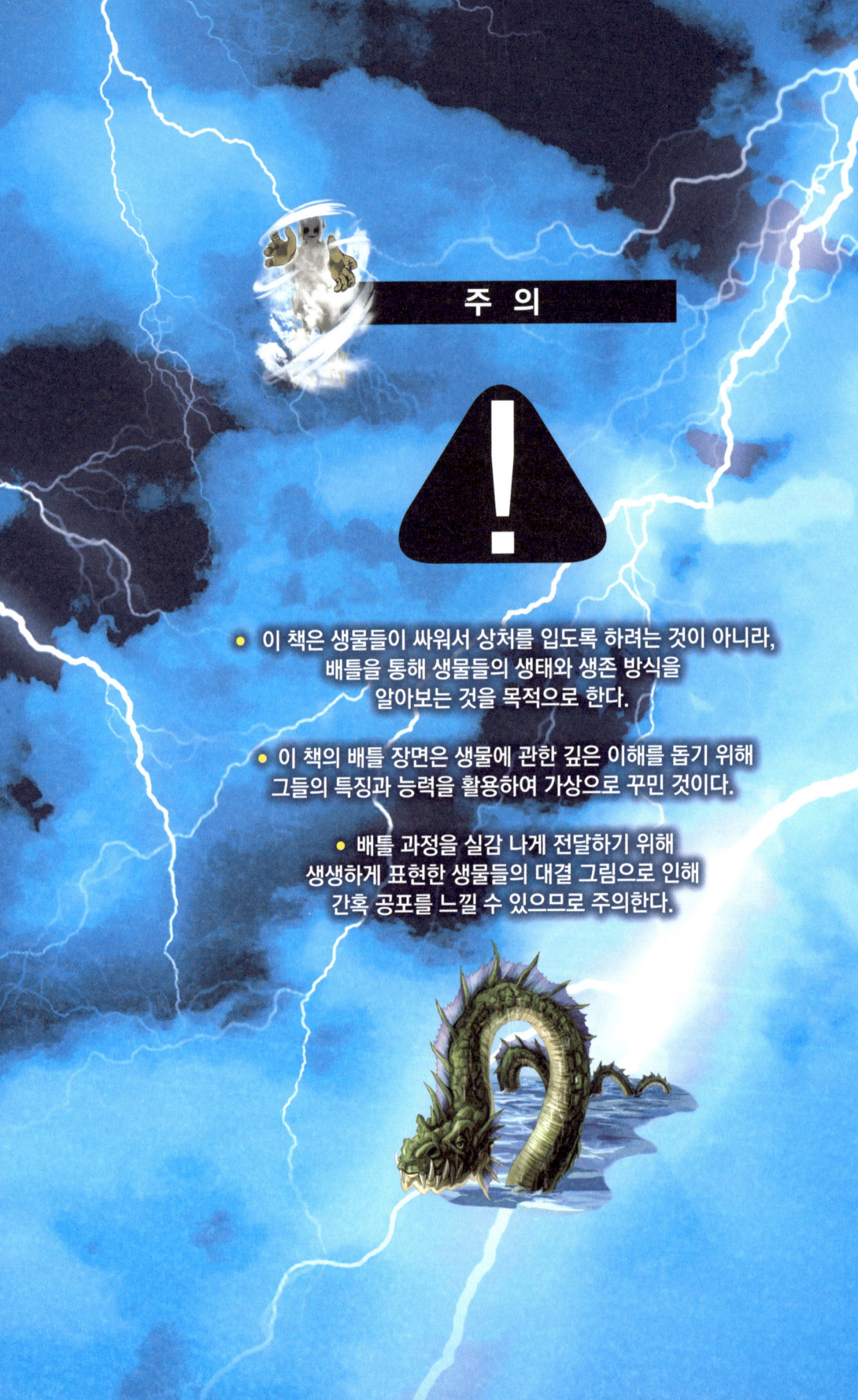

- 이 책은 생물들이 싸워서 상처를 입도록 하려는 것이 아니라, 배틀을 통해 생물들의 생태와 생존 방식을 알아보는 것을 목적으로 한다.

- 이 책의 배틀 장면은 생물에 관한 깊은 이해를 돕기 위해 그들의 특징과 능력을 활용하여 가상으로 꾸민 것이다.

- 배틀 과정을 실감 나게 전달하기 위해 생생하게 표현한 생물들의 대결 그림으로 인해 간혹 공포를 느낄 수 있으므로 주의한다.

大迫力！世界のモンスター・幻獣大百科
<DAIHAKURYOKU! SEKAI NO MONSTER·GENJYU DAIHYAKKA>
Copyright © Bintaro Yamaguchi 2021
First published in Japan in 2021 by Seito-sha Co., Ltd.
Korean translation rights arranged with Seito-sha Co., Ltd.
through JM Contents Agency Co.
Korean edition copyright © 2024 by Glsongi Co., Ltd.

이 책의 한국어판 저작권은 JMCA를 통한 저작권자와의 독점 계약으로 ㈜글송이에 있습니다.
저작권법에 의하여 한국 내에서 보호를 받는 저작물이므로 무단 전재와 무단 복제를 금합니다.

자료 제공 일본 국립 국회 도서관, PIXTA, photolibrary, UNIPHOTO PRESS
일러스트 아이마 타로, 아오히토, gozz, 사이키, 사카이 유키, 정신암흑가 코우, 난바 키비, Moopic
디자인 · DTR STUDIO DUNK
편집 협력 STUDIO PORTO

2024년 8월 20일 초판 2쇄 펴냄

저자 · 야마구치 빈타로우 **옮김** · 고경옥
펴낸이 · 이성호 **펴낸곳** · ㈜글송이
편집/디자인 · 이유미, 임주용
마케팅 · 이성갑, 윤정명, 이현정, 문현곤, 이동준
경영지원 · 최진수, 이인석, 진승현

출판 등록 · 2012년 8월 8일 제 2012-000169호   **주소** · 서울시 서초구 능안말 1길 1(내곡동)
전화 · 578-1560~1 **팩스** · 578-1562   **이메일** · gsibook01@naver.com

ISBN 979-11-7018-648-9 74080
        979-11-7018-635-9 （세트）

*잘못 만들어진 책은 바꾸어 드립니다.

몬스터의 세계에 온 것을 환영합니다!

야마구치 빈타로우

몬스터란 무엇일까?

'몬스터(monster)'는 원래 괴물이나 요괴를 뜻하는 말입니다. 하지만 현대에는 드래곤이나 악마, 요정, 괴물 등 여러 가지 정체불명의 생물을 가리킬 때가 많지요.
이 책에서는 옛날이야기나 전설로 내려오는 여러 나라의 몬스터를 조사해 사진이나 그림과 함께 소개합니다.

어떤 기준으로 나누었을까?

전설에 등장하거나 상상 속에 존재하는 몬스터를 구분하는 명확한 기준은 없습니다. 다만, '특수한 능력을 지녔는가?', '유명한 전설에 등장하는가?', '겉모습이 멋진가?' 등에 따라 몬스터를 구분합니다.
드래곤이나 피닉스처럼 무시무시한 힘을 가졌는지, 그렌델이나 좀비처럼 사람들에게 두려움을 주는지 등을 살펴보며 구분하는 것입니다.

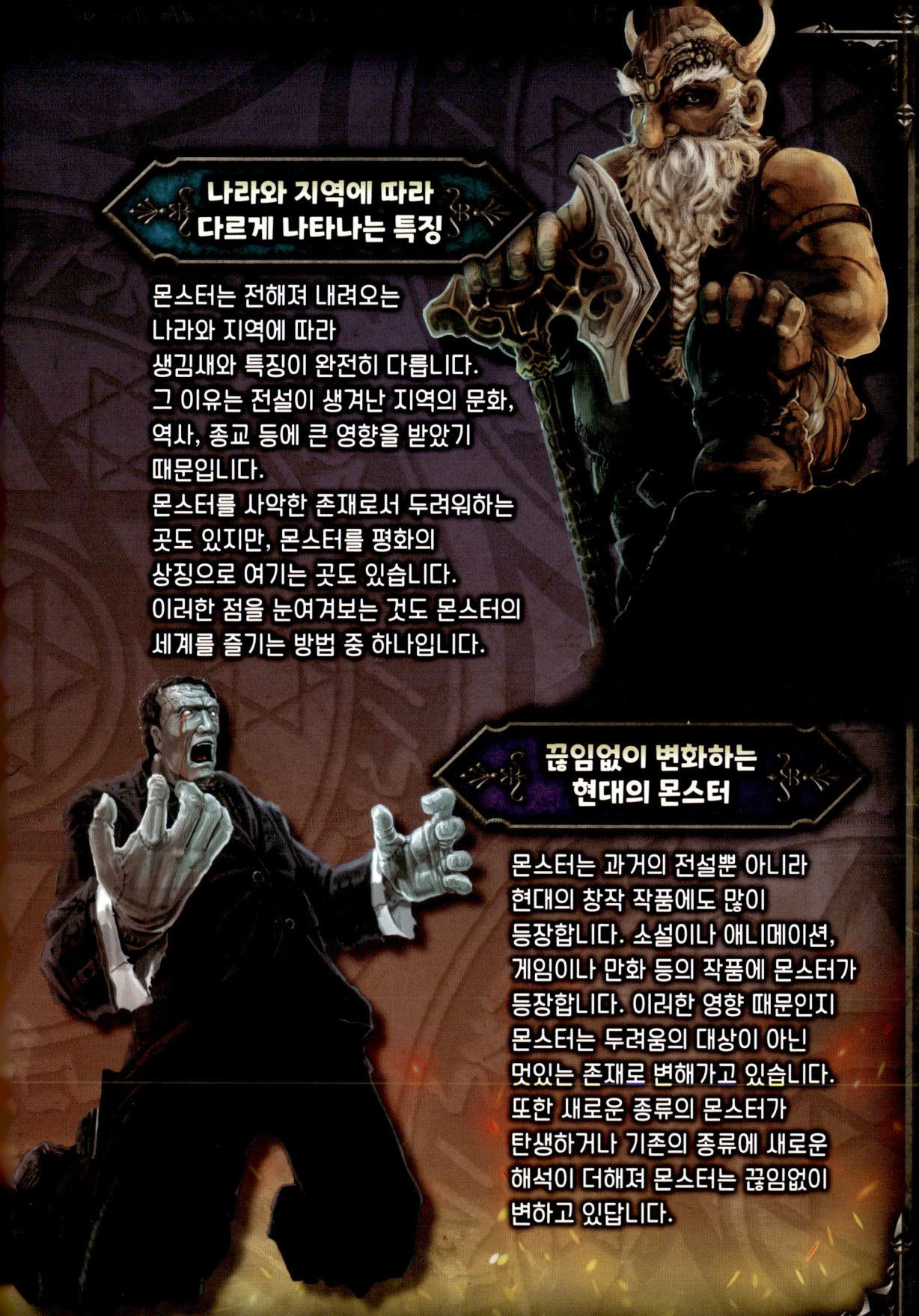

나라와 지역에 따라 다르게 나타나는 특징

몬스터는 전해져 내려오는 나라와 지역에 따라 생김새와 특징이 완전히 다릅니다. 그 이유는 전설이 생겨난 지역의 문화, 역사, 종교 등에 큰 영향을 받았기 때문입니다.
몬스터를 사악한 존재로서 두려워하는 곳도 있지만, 몬스터를 평화의 상징으로 여기는 곳도 있습니다. 이러한 점을 눈여겨보는 것도 몬스터의 세계를 즐기는 방법 중 하나입니다.

끊임없이 변화하는 현대의 몬스터

몬스터는 과거의 전설뿐 아니라 현대의 창작 작품에도 많이 등장합니다. 소설이나 애니메이션, 게임이나 만화 등의 작품에 몬스터가 등장합니다. 이러한 영향 때문인지 몬스터는 두려움의 대상이 아닌 멋있는 존재로 변해가고 있습니다. 또한 새로운 종류의 몬스터가 탄생하거나 기존의 종류에 새로운 해석이 더해져 몬스터는 끊임없이 변하고 있답니다.

목 차

- ◆몬스터의 세계에 온 것을 환영합니다! ——— 4
- ◆몬스터 찾아보기 (가나다순) ——— 12
- ◆이 책의 본문 구성 ——— 14

제1장 상상 초월 몬스터 — 15

- ◆피닉스 ——— 16
- ◆케르베로스 ——— 18
- ◆니드호그 ——— 20
- ◆크라켄 ——— 22
- ◆가루다 ——— 26
- ◆비브르 ——— 28
- ◆나가 ——— 30
- ◆바실리스크 ——— 32
- ◆코카트리스 ——— 33
- ◆만티코어 ——— 34
- ◆펜리르 ——— 36
- ◆드래곤 ——— 38
- ◆슬라임 ——— 42

- 레비아탄 — 44
- 베헤모스 — 46
- 슬레이프니르 — 48
- 스핑크스 — 50
- 바하무트 — 56
- 안주 — 58
- 기린 — 60
- 그리핀 — 62
- 케찰코아틀 — 64
- 헬하운드 — 68
- 시 서펜트 — 69
- 선더버드 — 70
- 유니콘 — 72

제2장 환상 몬스터 77

- 카벙클 — 78
- 우로보로스 — 80
- 페가수스 — 82
- 잭오랜턴 — 84
- 엘프 — 88
- 오거 — 90
- 봉황 — 92
- 키마이라 — 94
- 호문쿨루스 — 96
- 그렘린 — 100

- ◆ 오크 ——— 108
- ◆ 잭프로스트 ——— 110
- ◆ 레시 ——— 112
- ◆ 히드라 ——— 114
- ◆ 고블린 ——— 118
- ◆ 밴시 ——— 120
- ◆ 코볼트 ——— 122
- ◆ 임프 ——— 124
- ◆ 픽시 ——— 126
- ◆ 맨드레이크 ——— 128
- ◆ 실프 ——— 132

- ◆ 촉음 ——— 102
- ◆ 켈피 ——— 104
- ◆ 그린맨 ——— 106
- ◆ 베니크 ——— 107

- 놈 — 134
- 웬디고 — 136
- 샐러맨더 — 138
- 화서 — 142
- 달걀귀신 — 143
- 운디네 — 144

제3장 유령 몬스터　147

- 린트부름 — 148
- 훔바바 — 150
- 스켈레톤 — 152
- 드워프 — 156
- 백택 — 158
- 스퀑크 — 160
- 촌촌 — 162
- 인큐버스 — 164
- 도올 — 165
- 듀라한 — 166
- 그렌델 — 168
- 가고일 — 170
- 파주주 — 174
- 서큐버스 — 176

- 구울 — 180
- 혼돈 — 181
- 트롤 — 182
- 페낙가란 — 186
- 궁기 — 188
- 에키드나 — 190

제 4 장 공포 몬스터 195

- 레이스 — 196
- 미노타우로스 — 198
- 미라 — 200
- 뱀파이어 — 202
- 마녀 — 206
- 반어인 — 208
- 형천 — 210
- 라미아 — 211
- 골렘 — 212
- 하피 — 214

- 강시 ——— 216
- 캐트시 ——— 220
- 스킬라 ——— 222
- 이프리트 ——— 224
- 좀비 ——— 226
- 티폰 ——— 230
- 아라크네 ——— 232
- 메두사 ——— 234
- 늑대인간 ——— 238
- 켄타우로스 ——— 240
- 바바야가 ——— 242
- 모래 사나이 ——— 243
- 키클롭스 ——— 244
- 프랑켄슈타인 ——— 248
- 머메이드 ——— 250
- 부기맨 ——— 254

- ◆ 그리스 신화란 무엇일까? ——— 54
- ◆ UMA란 무엇일까? ——— 76
- ◆ 북유럽 신화란 무엇일까? ——— 146
- ◆ 천상계와 명도는 어떤 곳일까? ——— 194
- ◆ 세계 몬스터 서식 지도 ——— 256

세계 몬스터 찾아보기 (ㄱㄴㄷ순)

ㄱ

가고일	170
가루다	26
강시	216
고블린	118
골렘	212
구울	180
궁기	188
그렌델	168
그렘린	100
그리핀	62
그린맨	106
기린	60

ㄴ

나가	30
놈	134
늑대인간	238
니드호그	20

ㄷ

달걀귀신	143
도올	165
듀라한	166
드래곤	38
드워프	156

ㄹ

라미아	211
레비아탄	44
레시	112
레이스	196
린트부름	148

ㅁ

마녀	206
만티코어	34
맨드레이크	128
머메이드	250
메두사	234
모래 사나이	243
미노타우로스	198
미라	200

ㅂ

바바야가	242
바실리스크	32
바하무트	56
반어인	208
백택	158
밴시	120
뱀파이어	202
베니크	107
베헤모스	46
봉황	92
부기맨	254
비브르	28

ㅅ

샐러맨더	138
서큐버스	176
선더버드	70
스켈레톤	152
스쿵크	160
스킬라	222
스핑크스	50
슬라임	42
슬레이프니르	48
시 서펜트	69
실프	132

ㅇ

- 아라크네 ········ 232
- 안주 ········ 58
- 에키드나 ········ 190
- 엘프 ········ 88
- 오거 ········ 90
- 오크 ········ 108
- 우로보로스 ········ 80
- 운디네 ········ 144
- 웬디고 ········ 136
- 유니콘 ········ 72
- 이프리트 ········ 224
- 인큐버스 ········ 164
- 임프 ········ 124

ㅈ

- 잭오랜턴 ········ 84
- 잭프로스트 ········ 110
- 좀비 ········ 226

ㅊ

- 촉음 ········ 102
- 촌촌 ········ 162

ㅋ

- 카벙클 ········ 78
- 캐트시 ········ 220
- 케르베로스 ········ 18
- 케찰코아틀 ········ 64
- 켄타우로스 ········ 240
- 켈피 ········ 104
- 코볼트 ········ 122
- 코카트리스 ········ 33
- 크라켄 ········ 22
- 키마이라 ········ 94
- 키클롭스 ········ 244

ㅌ

- 트롤 ········ 182
- 티폰 ········ 230

ㅍ

- 파주주 ········ 174
- 페가수스 ········ 82
- 페난가란 ········ 186
- 펜리르 ········ 36
- 프랑켄슈타인 ········ 248
- 피닉스 ········ 16
- 픽시 ········ 126

ㅎ

- 하피 ········ 214
- 헬하운드 ········ 68
- 형천 ········ 210
- 호문쿨루스 ········ 96
- 혼돈 ········ 181
- 화서 ········ 142
- 훔바바 ········ 150
- 히드라 ········ 114

이 책의 본문 구성

몬스터 그림 — 몬스터의 대표적인 모습

몬스터 이름

몬스터 박사의 호기심 사전 — 몬스터에 대한 토막 지식이나 흥미로운 전설 등을 소개한다.

해설 — 몬스터의 특징이나 전설 등을 소개한다.

실프
공기 중에 숨어있는 아름다운 몬스터

실프는 '실피드'라고도 불리며 4대 정령(→P141) 가운데 바람을 다스리는 정령이다. 바람의 정령인 만큼 그 모습도 바람처럼 투명해 만질 수 없다. 하지만 그림이나 이야기에서는 화려하게 떠다니는 아름다운 여인의 모습으로 묘사되고는 한다.

바람과 공기를 자유롭게 조종하며 날개를 펄럭여 거대한 구름을 만들 수도 있다. 하지만 성격이 상냥하고 온화해 인간에게 나쁜 짓을 하지 않는다. 거만하고 제멋대로인 여성이 죽어서 천국에 가지 못하고 세상을 떠도는 암흑의 안개가 되어 살아가다가 실프가 된다는 이야기도 있다.

또한 작은 정령을 실프라고 부르거나 바람과 공기에 관한 요정을 들어 실프라고 부르기도 한다. 실프는 인간과 사랑에 빠지기도 한다.

몬스터 박사의 호기심 사전

세익스피어의 《템페스트》라는 희곡에 '에어리얼'이란 이름의 실프가 등장한다. 템페스트란 '폭풍'이라는 뜻이며 에어리얼은 마법사의 부하가 되어 바람과 공기를 조종하여 인간을 공격했다고 한다.

몬스터 정보
- **희소성** ★★★
- **크기** 인간 정도
- **생김새** 바람처럼 투명해 눈에 보이지 않는다
- **특징** 바람이나 공기를 조종한다
- **나라·지역** 그리스
- **활동 장소** 유럽

몬스터 정보

- **희소성** 얼마나 희귀한 몬스터인지 3개의 ★로 나타낸다. ★의 수가 많을수록 희귀하다.
- **크　기** 몬스터의 크기를 나타낸다.
- **생김새** 몬스터의 모습을 설명한다.
- **특　징** 몬스터의 능력과 인간에게 어떠한 존재인지 알려준다.
- **나라·지역** 몬스터가 전해져 내려오는 주요 지역
- **활동 장소** 몬스터가 사는 곳이나 나타나는 주요 활동 장소

제 1 장
상상 초월 몬스터

상상을 뛰어넘는 전설의 몬스터를 소개한다.
상상을 초월하는 능력을 지녔으며
신의 영역인 특수 능력까지 숨기고 있다.
이들의 모습을 목격한 사람은 매우 드물다.

피닉스

죽음과 환생을 반복하는 전설의 새

피닉스는 온몸이 타오르듯이 빛나는 새이다. 500년마다 태양의 도시인 헬리오폴리스에 나타나 작은 나뭇가지를 쌓아 불을 붙이고 뛰어들어 스스로 목숨을 끊는다. 하지만 곧 불길 속에서 어린 새의 모습으로 부활한다.
피닉스에 관한 전설은 세계 곳곳에서 전해진다. 피닉스의 눈물로 상처를 치료한다거나 피닉스의 피를 마시면 늙지도, 죽지도 않는 불로불사의 몸이 된다고도 한다. 인간을 도왔다는 전설이 많다.

몬스터 박사의 호기심 사전

옛 이스라엘의 솔로몬 왕은 72종의 악마를 신하로 부렸는데, 그중 하나가 피닉스이다. 다른 나라에서 신성한 존재인 피닉스가 이스라엘에서는 악마로 묘사되었다. 인간으로 변신할 수 있지만, 목소리가 매우 기이해 듣고 있기 힘들다.

유럽이나 아라비아에서는 환생의 상징이며 안정된 생활의 상징이기도 하다. '불사조' 또는 '불새'라고도 불리며 중국 전설 속의 새인 '봉황'의 일종이라고도 한다.

몬스터 정보

희소성	★★★
크기	여객기만 한 몸집
생김새	불처럼 타오르며 빛난다.
특징	500년마다 불 속으로 뛰어들어 새끼 새로 부활한다.
활동장소	하늘
나라·지역	전 세계

몬스터 박사의 호기심 사전

흉악한 케르베로스에게도 약점은 있다. 달콤한 과자를 좋아한다는 것이다. 특히 꿀 바른 과자를 주면 먹는 데 정신이 팔려 그 틈에 도망칠 수 있다. 또한 아름다운 음악을 좋아해 음악을 들으면 긴장이 풀려 잠들어 버린다.

케르베로스

3개의 머리를 가진 지옥의 파수꾼

케르베로스는 머리가 3개인 개 모습을 하고 있다. 3개의 머리는 과거, 현재, 미래를 나타낸다. 개가 아닌 사자의 모습을 한 케르베로스도 존재한다. 갈기는 뱀으로 이루어졌으며 꼬리는 용이나 뱀이다. 머리는 50개일 때도 있고 100개일 때도 있다.

사후 세계의 왕인 '하데스'의 파수꾼으로, 사후 세계로 들어가려는 인간을 물어 죽인다. 또한, 사후 세계에서 도망치려는 죽은 자도 물어 죽인다.

성격이 매우 포악하며 흘린 침에서 맹독 식물인 투구꽃이 자란다. 3개의 머리가 교대로 잠들어 빈틈을 보이지 않지만, 음악을 들려주면 모든 머리가 잠에 빠진다.

머리가 2개인 몬스터 개 '오르트로스'는 케르베로스의 동생이다. 케르베로스라는 이름은 '바닥없는 구멍 속 영혼'이라는 뜻이다.

몬스터 정보

 ★★　 사자만 한 몸집　 머리가 3개 달린 개의 모습
 사후 세계의 입구를 지키며 살아 있는 존재는 들여보내지 않는다.　 사후 세계　나라·지역 전 세계

니드호그

땅속 호수에 사는 전설의 큰 뱀

니드호그는 북유럽 신화에 등장하는 환상 요괴이다. '니즈호그' 또는 '니드히그'라 부르기도 한다. 비늘이 있고 날개가 달린 검고 커다란 뱀의 모습이며 드래곤과 비슷한 외형이라고도 한다. 수많은 뱀을 거느리며 땅속 깊은 곳의 호수에서 뱀들의 왕으로 살고 있다.
모든 물체를 씹어서 으깨 버릴 정도로 강력한 이빨을 지녔고 성격은 매우 사악하다. 세계수(생명의 원천)인 위그드라실 나무를 말려 죽이려는 계략을 꾸민 뒤 부하 뱀과 함께 뿌리를 갉아 먹기도 했다. 식탐이 강해서 먹는 것만 생각한다. 하지만 아무리 먹어도 니드호그의 배를 채울 수는 없다.

몬스터 정보

희소성	★★★	크기	수십 m	생김새	커다란 뱀의 몸통에 커다란 날개
특징	모든 물체를 으깨버릴 정도로 강인한 이빨			활동장소	땅속 호수	나라·지역	유럽

몬스터 박사의
호기심 사전

위그드라실은 '니드호그'가 사는 세계에 자라는 나무이다. 차원을 넘어 9개의 세계를 지탱하고 있으며 '세계수'나 '우주수'라고도 불린다. 이 나무 곁에는 니드호그 말고도 수많은 몬스터가 살고 있다.

1장

크라켄

파도와 물보라를 일으켜 배를 습격하는 거대한 바다 몬스터

크라켄은 작은 섬으로 착각할 정도로 그 크기가 거대한 생물이다. 실제로도 섬으로 착각해 상륙하려 했던 인간이 있을 정도였다. 몸길이가 2.5km에 이르며 거대한 오징어 혹은 문어와 비슷한 모습의 생물이라고 전해진다. 이 밖에도 바다뱀, 해파리, 용, 새우처럼 생겼다는 목격담이 있는 것으로 보아 거대한 바다 몬스터를 통틀어 '크라켄'이라고 불렀을 가능성도 있다.
낮에는 바닷속에서 지내지만, 배가 지나가면 여러 개의 촉수를 뻗어 습격한다. 기다란 촉수로 선원을 낚아채 잡아먹기도 하여 뱃사람들이 두려워하는 존재이다. 주로 노르웨이 근해나 아이슬란드 바다에 나타난다.

크라켄이 나타나기 전에는 바람이 멈추거나 해수면에 거품이 잔뜩 떠오른다. 바닷속으로 배를 끌고 들어갈 때는 거대한 소용돌이를 일으켜 배를 통째로 집어삼키기 때문에 아무도 도망칠 수 없다. 그 배에 탄 선원 모두 '크라켄'의 희생양이 되는 것이다.

몬스터 정보

- **희소성** ★★
- **크기** 작은 섬 크기의 몸집
- **생김새** 커다란 오징어나 문어의 모습
- **특징** 긴 촉수로 배를 습격해 인간을 잡아먹는다.
- **활동 장소** 바다
- **나라·지역** 유럽

몬스터 박사의 호기심 사전

크라켄

크라켄의 짓일까? 유령선의 수수께끼

1872년, 포르투갈 근해에서 홀로 떠다니는 배가 발견되었다. '메리 셀레스트호'라는 이 배는 뉴욕에서 이탈리아로 향하는 중이었다. 선원과 가족을 포함해 모두 10명이 승선했지만, 발견될 당시 배 안에는 아무도 없었고 바닷물만 들어차 있었다.
싸움의 흔적은 없었으며 식량과 물품이 그대로 남아 있는 것으로 보아 해적에게 습격당했다고 보기 어려웠다. 만약 병이나 굶주림이 원인이었다면 배에 사체라도 남아 있었을 것이다. 이 불가사의한 현상을 본 사람들은 바다의 몬스터 크라켄이 배를 습격해 벌어진 일이라고 생각했다. 이처럼 배에 탑승했던 인간이 사라진 사건은 세계 곳곳에서 일어나고 있다.

바다 위를 떠도는 메리 셀레스트호

해변으로 떠밀려 온 수수께끼의 거대 생물

해외에서는 종종 정체를 알 수 없는 몬스터 사체가 해변에서 발견되고는 한다. '글롭스터'라고 불리는 이 사체는 아직도 정체가 밝혀지지 않았다. 글롭스터가 살아 있는 모습은 발견된 적이 없으며 반드시 죽은 모습으로만 사람들에게 목격된다. 눈과 코가 없고 매우 지독한 냄새를 풍기며 몸길이가 10m에 이르기도 한다. 이러한 특징 때문에 '크라켄'의 사체이거나 몸통 일부일 것으로 추측하기도 한다.

해변으로 떠밀려 온 하얗고 퉁퉁한 글롭스터

크라켄과 대왕오징어의 관계

크라켄의 정체를 두고 심해에 사는 대왕오징어라고 하는 사람들도 있다. 세계 최대급 크기인 대왕오징어는 여전히 의문점이 많은 생물이다. 가장 큰 것은 몸길이가 20m나 되었다고 하는데, 크라켄의 목격담이 많았던 18세기에 사용되었던 배와 비슷한 크기이다. 배의 바로 밑에서 헤엄치며 선원들을 사납게 위협하던 대왕오징어가 뱃사람들을 두려움에 떨게 한 몬스터 '크라켄'이었을지도 모를 일이다.

몬스터 박사의
호기심 사전

인도네시아에서 가루다는 매우 유명한 존재이다. 어린이를 위해 만든 프로그램에 '가루다'를 모델로 한 히어로가 주인공으로 등장할 정도로 말이다.

가루다

바람을 타고 동남아시아를 누비는 신성한 새

인간의 몸통에 붉은 날개, 독수리의 머리에 부리와 발톱을 지닌 가루다는 하늘을 나는 신성한 존재로 동남아시아에서 유명하다. 인도 신화에서는 '가루라'라고도 부르며, 눈부시게 빛나는 모습으로 하늘을 누빈다고 한다.
하늘을 나는 속도가 매우 빠르고, 나가(→P30)를 잡아먹었다고 한다. 전투력이 뛰어나 '인드라'라는 신이 가장 강력한 무기를 사용해도 대항하지 못할 정도라고 한다. 나가의 노예가 된 자기 어머니를 구출하는 가루다의 이야기는 지금도 인기 있는 신화 중 하나이다.
동남아시아에서는 가루다를 문장(국가나 단체, 집안 등을 나타내는 상징적인 표지)으로

사용하는 귀족이나 왕족이 존재하며 인도네시아에서는 나라의 문장인 '국장'으로 가루다를 사용한다.
가루다는 불교에도 영향을 주었는데 불꽃에 휩싸여 붉은 날개를 펼치는 불교의 신 '가루라천'은 '가루다'가 변한 것이라고 한다.

몬스터 정보

- **희소성**: ★☆☆
- **크기**: 불명
- **생김새**: 붉은 날개와 독수리의 머리를 가졌고, 눈부시게 빛난다.
- **특징**: 엄청난 속도로 하늘을 날아다닌다. 신보다 강하다.
- **활동 장소**: 하늘
- **나라·지역**: 동남아시아, 인도

몬스터 정보

희소성	★
크기	불명
생김새	보석 눈, 박쥐의 날개, 뱀의 몸통, 독수리의 다리
특징	물을 마실 때는 보석 눈을 빼서 감춘다.
활동 장소	동굴
나라·지역	프랑스

비브르

보석 눈을 가진 드래곤

비브르는 보석으로 된 눈을 가졌다. 뱀의 몸통에 앞다리 역할을 하는 박쥐의 날개와 왜가리의 다리, 독사의 꼬리로 이루어졌다. 낮에는 대부분 땅속에서 숨어 지낸다. 어두운 지하에서도 보석 눈을 등불 삼아 생활할 수 있다. 지하에서 나와 강이나 늪에서 물을 마실 때는 눈의 보석을 빼서 풀숲에 숨겨 놓는다. 비브르가 알아채지 못하게 그 보석을 훔칠 수 있다면 세계 제일의 권력자가 될 것이다. 비브르는 암컷만 존재한다고 알려졌다. 또한 생김새 때문에 드래곤의 일종이라고 여겨지는데, 그중에서도 앞다리와 날개가 붙어 있는 와이번(→P38) 종족이라고 한다.

몬스터 박사의
호기심 사전

또 다른 설에 따르면 비브르는 아름다운 여성의 상반신에 독수리의 다리를 가졌다고 한다. 덧붙여 박쥐의 날개와 뱀의 꼬리가 있고 이마에는 붉은 보석이 박혀 있다고 한다. 생김새는 다르지만, 특징은 같다.

나가

거대한 뱀의 모습으로 신에 가까운 몬스터

나가는 7개의 머리가 달린 거대한 뱀의 모습을 하고 있다. 머리에 뿔이 솟아난 것도 있다. 또한 상반신은 인간의 모습이고 하반신은 뱀인 종류도 있다. 뱀의 모습을 한 나가는 물가에 살지만, 상반신이 인간 모습을 한 나가는 땅속에 산다. 인도 신화에서 나가는 신과 같은 존재이다. 나가는 기분에 따라 날씨를 조종할 수 있는데 화가 나면 가뭄을 일으키고 기분이 나아지면 비를 뿌린다. 하지만 날씨를 조종하는 일에 책임을 갖고 감정을 조절한다.
불교 세계에서 나가는 물의 신이다. 불교를 전파한 석가모니가 깨달음의 경지에 오르기 위한 수행을 할 때 태풍으로부터 석가모니를 지켜 주었다는 전설이 있어서다. 나가는 똬리를 틀어 석가모니를 감싸고 머리를 펼쳐 비바람을 막아 주었다고 한다.

몬스터 박사의 호기심 사전

나가는 인도 신화에 자주 등장한다. 세계를 창조했다는 설도 있고 왕을 죽이거나 인간과 결혼하였다거나 머리가 천 개라는 등 다양한 이야기가 존재한다. 그만큼 옛 인도인들에게 나가는 친근한 존재였을 것이다.

바실리스크

맹독의 소유자로 입에서 불을 뿜는 흉악한 뱀의 왕

'뱀의 왕'으로 불리며 '악마의 상징'이라고도 한다. 크기는 3m 정도이고 머리에 관처럼 생긴 볏이 난 뱀의 모습을 하고 있다. 다리가 8개 달린 도마뱀처럼 생긴 것도 있다고 한다.

바실리스크는 맹독을 품고 있어서 바실리스크가 지나간 곳에는 인간이 목숨을 잃을 정도로 강한 독이 남는다고 한다. 독의 세기가 얼마나 강한지 창 등의 무기로 바실리스크를 죽이더라도 그 독이 무기를 통해 인간의 몸으로 전해져 목숨을 잃을 정도라고 한다. 또한 입에서 불꽃을 내뿜을 때도 있다.

닭이 낳은 알을 뱀이 품으면 그 알에서 바실리스크가 태어난다는 설도 있다.

몬스터 정보

희소성	★★
크기	약 3m
생김새	머리에 관 모양의 볏이 달린 뱀
특징	강력한 독으로 인간의 목숨을 빼앗는다.
활동 장소	숲
나라·지역	유럽

코카트리스

인간을 돌로 변하게 하는 새와 뱀이 합쳐진 몬스터

코카트리스는 닭의 머리에 도마뱀이나 뱀 꼬리가 달린 모습이다. 닭이 낳은 알을 뱀이나 두꺼비 등이 품으면 코카트리스가 태어난다고 한다. 굉장히 위험한 몬스터라 코카트리스를 보거나 만진 인간은 돌로 변해 버린다. 또한 코카트리스가 입에서 내뿜는 입김만으로도 인간은 돌로 변할 수 있다. 바실리스크(→P32)와 코카트리스를 같은 종류로 보거나 수컷과 암컷 사이라는 설도 있다.

몬스터 정보

- **희소성** ★★
- **크기** 수 m
- **생김새** 닭의 머리와 날개, 도마뱀 꼬리
- **특징** 눈이 마주친 인간을 돌로 만든다.
- **활동 장소** 숲
- **나라·지역** 유럽

만티코어

사자의 몸에 전갈 꼬리가 달린 괴이한 몬스터

만티코어라는 이름은 '인간을 먹는 생물'이라는 뜻이다. 인간을 닮은 얼굴에 날카로운 이빨이 세 줄로 나란히 돋아 있으며 몸통은 사자, 꼬리에는 전갈의 독침이 달려 있다. 박쥐의 날개나 염소의 뿔이 솟아 있기도 하다.

만티코어의 놀라운 특징은 생김새뿐 아니라 상상을 초월하는 식탐에 있다. 식탐이 얼마나 대단한지 한 나라의 군인을 모두 먹어 치운 적도 있다고 한다. 주로 아시아의 산림 지대에 살지만 아프리카에도 서식하며 에티오피아에서 모습을 드러내기도 했다.

몬스터 박사의 호기심 사전

육식 짐승의 몸통에 인간의 얼굴을 한 몬스터나 환상 요괴는 꽤 많다. 만티코어 외에도 이집트의 스핑크스(→P50)와 일본의 누에 등이 있다.

몬스터 정보

희소성 ★★	크기 사자 정도	생김새 인간의 얼굴, 사자의 몸통, 전갈 꼬리	
특징 인간을 매우 좋아한다. 상상을 초월하는 식탐		활동장소 숲	나라·지역 아시아, 아프리카

몬스터 박사의
호기심 사전

펜리르를 묶은 글레이프니르는 고양이의 발소리, 여성의 수염, 산의 뿌리, 곰의 힘줄, 물고기의 숨결, 새의 침과 같이 매우 희귀한 재료로 만들어진 비단 끈이다. 가느다란 끈이지만, 어떤 충격에도 절대 끊어지지 않는다.

몬스터 정보

희소성	★
크기	초거대
생김새	엄청나게 커다란 늑대
특징	눈이나 코에서 내뿜는 불꽃
활동장소	산
나라·지역	유럽

펜리르
신도 두려워하는 봉인된 전설 속 환상 몬스터

펜리르는 북유럽 신화에 등장하는 거대한 늑대 몬스터이다. 입을 벌리면 위턱과 아래턱이 하늘과 땅에 닿을 정도이며 날카로운 엄니를 가졌다. 눈과 코에서 불꽃을 내뿜는 엄청난 괴력의 소유자로 성격은 극도로 포악하다.

태어났을 때는 보통의 늑대 크기 정도인데, 순식간에 몸집이 커다랗게 자라 신들도 두려워하게 되었다. 신들이 재앙을 부르는 펜리르를 한차례 봉인하려 했지만 엄청난 괴력 때문에 보통 사슬로는 불가능했다.

분노한 펜리르는 세계 곳곳을 날뛰며 사람들을 괴롭혔고, 결국 절대 끊을 수 없는 마법 사슬인 '글레이프니르'로 신들에게 봉인되었다. 이후 펜리르로 인한 재앙은 사라졌지만, 봉인이 다시 풀리면 인간 세계를 멸망시킬지도 모르는 일이다.

드래곤

가장 유명하고 무서운 몬스터

드래곤은 도마뱀처럼 생긴 몸통에 날카로운 엄니, 날카로운 발톱을 가졌다. 박쥐의 날개와 비슷한 거대한 날개로는 하늘을 날 수 있다. 드래곤은 종류가 많은 만큼 생김새도 다양하다. 앞다리와 날개가 이어진 드래곤은 '와이번'이라고 하며 다리가 없는 드래곤은 '웜'이라고 한다.

특징도 제각각인데, 대표적으로 입이나 코에서 맹독과 불꽃을 내뿜어 적을 위협하거나 숲속이나 동굴에 살며 알을 낳는다. 비늘이 단단해서 무기가 통하지 않고 대체로 수명이 길며 선한 드래곤이 있는가 하면 악한 드래곤도 존재한다.

드래곤은 보물을 지키는 파수꾼 역할을 할 때가 많아서 지하나 동굴에 숨겨 놓은 보물을 훔치려는 인간으로부터 보물을 지킨다. 이 보물을 빼앗을 수 있다면 특별한 힘과 엄청난 돈을 손에 넣을 수 있다.

드래곤은 성별에 따라 성격이 다르다고 한다. 수컷은 인간에게 친절하며 농작물을 보호하고 불을 조종한다. 암컷은 인간을 증오하고 사나우며 물을 조종할 수 있다. 수컷과 암컷은 자주 싸움을 일으킨다고 한다.

몬스터 정보

희소성	★	크기	수십 m	생김새	엄니, 뱀의 몸통, 발톱, 날개가 있다.
특징	불과 독 입김을 내뿜는다. 보물을 지킨다.			활동장소	숲속과 동굴
나라지역	전 세계				

몬스터 박사 호기심 사전

드래곤

드래곤이란 이름의 생물

드래곤은 유럽의 전설이나 옛날이야기에 자주 등장한다. 드래곤이 아직 발견되지는 않았지만, 드래곤이란 이름으로 불리는 동물은 존재한다. 코모도드래곤(코모도왕도마뱀)은 세계 최대의 도마뱀으로, 날카로운 발톱과 두툼한 꼬리를 휘둘러 상대를 공격한다. 독이 있어서 코모도드래곤에게 물리면 피가 멈추지 않는다. 인간도 공격하는 매우 위험한 동물이다. 드래곤이라고 불리지는 않지만, 드래곤과 닮은 날도마뱀도 있다. 크기는 작지만, 날개를 펼치고 하늘을 날 수 있다.

드래곤처럼 날카로운 발톱을 가진 코모도드래곤

용과 드래곤의 차이점

유럽에서는 '드래곤', 아시아에서는 '용'이라 불리는 이 몬스터의 기본 특징은 비슷하지만, 생김새는 조금씩 다르다.
드래곤은 걷기 위한 다리가 있고 날개로 하늘을 날지만, 용은 날개와 다리가 없다. 그 대신 뱀처럼 생긴 모습으로 하늘을 난다.
또한 드래곤은 악한 존재로 등장해 영웅과 싸우지만, 용은 신으로 등장해 인간을 도와줄 때가 많다.

왼쪽: 유럽의 드래곤은 날개가 있다.
오른쪽: 아시아의 용은 날개가 없다.

드래곤과 멸종한 공룡과의 관계

커다란 몸통에 작은 앞다리, 날카로운 엄니와 뾰족한 발톱을 가진 드래곤의 특징은 멸종한 공룡과 비슷하다. 옛날 사람들은 깊은 산속이나 산꼭대기에서 발견한 공룡의 뼈를 보고 드래곤이라고 상상했을 것이다.
당시에는 공룡의 존재가 알려지지 않았기 때문에 공룡 뼈를 발견한 사람들은 드래곤이 실제로 존재한다고 믿고 두려워했을지도 모른다.

몬스터 박사의
호기심 사전

'식인 아메바'라는 생물이 있는데 슬라임과 비슷하게 생겼다. 눈에 보이지 않을 정도로 작아서 더 무서운 생물이다. 인간의 코나 상처로 들어가 뇌를 흐물흐물하게 녹여 버리기 때문이다.

슬라임

자꾸만 모습이 달라지는 까다로운 몬스터

슬라임은 정해진 모습이 없고 젤리처럼 흐물흐물한 몸통에 제대로 된 눈이나 코가 없다. 슬라임 여럿이 모여 몸집을 거대하게 만들기도 한다.

몸에 닿은 상대를 집어삼키고 썩게 만들거나 녹여 버릴 수도 있다. 이러한 능력으로 다양한 물건을 망가뜨리고 인간을 습격하기도 해서 슬라임은 인간에게 해로운 존재로 취급받는다. 하지만 지능을 갖추었는지는 알 수 없다.

슬라임이 까다로운 이유는 무기로 공격하면 무기를 녹여 버리고 몸통을 자르면 분열하여 오히려 개체가 늘어나서 퇴치하기 어렵기 때문이다.

메탈 슬라임 같은 액체 금속이나 용암처럼 몸통이 액체인 슬라임도 있다.

몬스터 정보

희소성	★	크기	작은 것부터 큰 것까지 다양
생김새	젤리처럼 흐물거리는 몸	특징	몸에 닿으면 집어삼키거나 썩게 만든다.
활동장소	늪과 숲속	나라·지역	전 세계

몬스터 정보

| 희소성 | ★★ | 크기 | 고래 정도 | 생김새 | 단단한 비늘, 빛나는 눈, 입에서는 불꽃, 코에서는 연기를 내뿜는다. |
| 특징 | 소용돌이를 일으켜 배를 침몰시킨다. | 활동장소 | 바다 | 나라·지역 | 전 세계 |

몬스터 박사의 호기심 사전

레비아탄은 원래 암컷과 수컷이 존재했다. 하지만 성격이 너무 포악해 새끼를 낳아 수를 늘리면 위험하다고 판단한 신이 수컷은 모두 죽이고 암컷만 남겼다고 한다. 그 대신 암컷 레비아탄은 불사신이 되었다.

레비아탄

어떤 배든지 바닷속으로 끌고 들어가는 바다의 마수

대표적인 바다 몬스터인 레비아탄은 기독교에서는 최강 생물이라고 여긴다. 그 모습이 거대한 물고기나 악어, 바다뱀 또는 용으로 묘사되고 있다.
눈이 빛나며 입에서는 불을, 코에서는 연기를 내뿜는다. 온몸이 단단한 비늘로 뒤덮여 있고 어떤 공격이든 막아 내며 입에는 날카로운 이빨이 솟아 있다. 포악한 성격 때문에 예로부터 유럽에서는 두려움의 대상이었다.
레비아탄이라는 이름은 히브리어로 '소용돌이다'라는 뜻이다. 소용돌이를 일으켜 배를 침몰시키는 몬스터인 셈이다.
신이 베헤모스(→P46)와 함께 만들었다고도 하며 세상의 종말이 오면 베헤모스와 함께 인간의 식량이 될 것이라는 이야기도 전해진다.

베헤모스

흥분해 날뛰면 아무도 말릴 수 없는 거대한 대식가 몬스터

베헤모스는 하마와 물소, 코끼리 등의 거대 포유류와 덩치가 비슷하다. 단단하고 길쭉하며 히말라야삼나무처럼 강인한 꼬리를 가졌고 다리도 쇠기둥처럼 단단하다. 바하무트(→P56)와 같은 몬스터라는 설도 있다. 낮에는 얌전한 성격으로 초식 공룡과 같은 존재이지만, 화가 나 흥분한 채 날뛰기 시작하면 아무도 말리지 못한다. 온몸의 뼈가 청동으로 이루어져 있고 단단한 몸을 이용해 모든 사물을 파괴한다고 한다.

베헤모스의 식욕은 무한대여서 온갖 것을 먹어 치운다. 신이 인간을 창조할 때 함께 창조했다고 한다. 중세 유럽에서는 어둠을 관장하는 악마의 하나로, 인간을 잡아먹는 악마라고도 한다.

몬스터 정보

- **희소성**: ★★
- **크기**: 엄청나게 거대한 체구
- **생김새**: 하마와 비슷한 커다란 몸집, 강인한 꼬리
- **특징**: 날뛰기 시작하면 말릴 수 없을 정도의 힘
- **활동장소**: 늪
- **나라·지역**: 전 세계

몬스터 박사의 호기심 사전

베헤모스는 레비아탄(→P44)과 함께 신이 창조한 몬스터이다. 원래 바다에 살게 하려고 했지만 바다에 함께 들어가면 물이 넘치는 바람에 베헤모스는 육지로, 레비아탄은 바다로 나뉘어 살게 되었다는 전설이 있다.

몬스터 박사의 호기심 사전

다양한 북유럽 신화가 전해지는 스웨덴은 슬레이프니르와도 관련이 깊다. 슬레이프니르가 어떤 곳에서든 빠른 속도로 달릴 수 있기 때문에 나라와 국민을 지키는 스웨덴 군대의 문장으로 사용하는 것이다.

슬레이프니르
신을 태우고 달리는 다리가 8개인 말

슬레이프니르는 신으로 받드는 동물 중 하나로, 북유럽 신화에 등장하는 신 중에서 가장 높은 오딘이 타고 다니는 거대한 군마이다. 옛 그림에는 보통 말과 똑같이 다리가 4개로 묘사되어 있기도 하지만, 사실 슬레이프니르의 다리는 8개이다.

8개의 다리를 이용해 엄청난 속도로 땅 위를 달린다. 하늘을 날 수도 있다. 바다 위나 하늘 등 어디서든 능숙하게 달리며 어떤 곳으로도 날아 넘어갈 수 있다. 심지어 천국과 지옥까지도 갈 수 있다.

암말로 변한 오딘의 의형제 '로키'와 산의 거인이 키우던 마법의 말 '스바딜파리'의 사이에서 태어난 새끼가 바로 슬레이프니르이다. 오딘에게 맡겨진 뒤 애마로 무척 사랑받았다고 한다.

몬스터 정보

희소성	★★
크기	불명
생김새	다리가 8개인 말
특징	어느 곳에서든 엄청난 속도로 질주한다.
활동장소	신의 나라
나라·지역	북유럽

몬스터 정보

- **희소성** ★★
- **크기** 사자 정도
- **생김새** 사자의 몸통, 인간의 머리
- **특징** 왕과 신을 지킨다.
- **활동장소** 사막　**나라·지역** 이집트, 그리스

스핑크스

이집트에 출몰하는 수상한 몬스터

이집트에서 가장 유명한 몬스터인 스핑크스의 모습은 무척이나 특이하다. 파라오(이집트의 왕)의 얼굴에 몸통은 사자, 꼬리는 뱀처럼 생겼다. 남성 얼굴을 하고 있을 때가 많지만 여성이나 동물일 때도 있다. 이집트의 스핑크스는 왕이나 신을 지키는 신성한 존재로, 악한 인간이 신성한 장소에 침범하지 못하도록 지킨다. 엎드린 자세를 하고 있으며 나쁜 짓을 하는 인간을 발견하면 앞다리로 짓밟아 버린다.

그리스의 스핑크스는 사자의 몸통에 여인의 얼굴, 독수리의 날개가 달렸다. 그리스 신화에서는 풍만한 가슴을 가진 여성의 모습으로 묘사되며 머리가 좋고 수수께끼나 게임 등의 지식 대결을 매우 즐긴다. 밤에 나타나고 인간을 만나면 수수께끼를 내는데 틀린 답을 말하면 잡아먹는다. 답을 모른다면 아무 대답도 하지 않고 되돌아가는 것이 살길이다.

몬스터 박사 호기심 사전

스핑크스

스핑크스상의 수수께끼

이집트 사막에는 스핑크스 석상이 있다. 가장 유명한 것으로는 '기자의 대스핑크스'이다.
머리는 인간, 몸은 사자의 모습을 하고 있다. 바위로 만들어졌으며 그 크기가 매우 거대하다.
기자의 대스핑크스에는 아직 풀리지 않은 수수께끼가 많다. 우선 언제 만들어졌는지 알려지지 않았다. 매우 오래전에 만들어진 것으로 보이는데, 아무도 정확히 알지 못한다. 또한 누가 무엇을 위해 만들었는지 밝혀지지 않았다.
세계 7대 불가사의로 불리며 많은 학자가 연구하고 있으니 언젠가 그 비밀이 밝혀질 것이다.

수수께끼투성이인 이집트 기자의 대스핑크스

스핑크스가 내는 퀴즈

그리스의 스핑크스는 수수께끼를 좋아한다. 오이디푸스라는 인간에게 낸 수수께끼 일화가 유명하다.
'아침에는 네 발, 낮에는 두 발, 저녁에는 세 발인 생물은 무엇일까?' 정답은 인간이다.
아기일 때는 엎드려서 기어다니고 어른이 되면 두 발로 걸어 다니며, 노인이 되면 지팡이를 짚어 세 발이 되기 때문이다.
오이디푸스가 정답을 맞히자, 스핑크스는 너무 분한 나머지 절벽에서 뛰어내렸다고 전해진다.

스핑크스가 오이디푸스에게 퀴즈를 내는 모습

스핑크스와 파라오

이집트 스핑크스의 얼굴은 주로 파라오와 닮았다고 한다.
파라오는 '네메스'라는 두건을 쓰고 있는데 스핑크스 역시 네메스를 쓰고 있다.
파라오가 죽으면 많은 보물과 함께 매장하는데, 어쩌면 자기 보석을 지키기 위해 파라오가 스스로 스핑크스가 된 것은 아닐까?

그리스 신화란 무엇일까?

어떤 이야기일까?

그리스 신화는 지금으로부터 약 3,500년 전부터 그리스에서 전해 내려온 신화를 말한다. 전 세계의 수많은 신화 중에서도 가장 유명하며 다양한 문화에 영향을 주었다.
매우 긴 이야기지만, 내용은 크게 세 가지로 나눌 수 있다. '세계의 시작', '신의 이야기', '영웅의 이야기' 순으로 이야기가 진행된다.
세계는 '카오스'라는 아무것도 존재하지 않는 공간에서 처음 생겨났다. 이 카오스에 관해 여러 가지 설이 있는데, '신' 혹은 '우주'라고도 한다. 카오스에서 신이 탄생하였고, 그 뒤 신이 아이들을 낳아 수를 불려 나갔다.
신들은 올림포스산에 살았다. 그곳은 그리스 신화에서 가장 높은 신인 제우스가 왕을 맡아 다스리고 있다. 그 무렵, 신과 함께 인간과 몬스터도 세상에 태어나기 시작했다.
몬스터가 태어나자 몬스터를 퇴치하는 인간과 신이 등장하였다. 이들은 영웅이라 불렸는데, 그리스 신화에는 영웅이 몬스터를 퇴치하는 이야기가 매우 많다. 여러 영웅의 이야기를 끝으로 그리스 신화는 끝을 맺는다.

제우스의 얼굴을 상상하여 만든 조각상

몬스터로 등장하는 신의 아이들

그리스 신화에서는 신의 자식이라도 반드시 신이 되지는 않는다.
에키드나(→P190)와 켄타우로스(→P240)처럼 몬스터로 태어나기도 한다. 하피(→P214)와 키클롭스(→P244)처럼 신으로 태어났지만, 나쁜 짓을 저질러 몬스터가 되기도 한다.
더욱이 신들끼리 낳은 아이가 아니라 신과 몬스터 사이에서 태어난 아이는 몬스터가 되는 경우가 많다.

켄타우로스

인간과 닮은 신들의 이야기

아라크네

그리스 신화의 특징은 인간다운 성격을 지닌 신이 많다는 것이다. 보통의 사람들처럼 화를 내거나 질투하기도 한다.
스킬라(→P222)와 아라크네(→P232) 같은 몬스터는 원래 인간이었다. 신을 화나게 한 아름다운 여인이 몬스터로 변할 때가 많은데, 몬스터로 변하면 성격과 외모까지 흉측하게 변해 인간을 공격한다.

몬스터 정보

희소성 ★★　**크기** 측정 불가　**생김새** 거대한 물고기와 비슷하며 눈부시게 빛난다.

특징 커다란 몸집으로 세계를 지탱한다.　**활동장소** 다른 차원　**나라·지역** 전 세계

바하무트

지옥을 지탱하는 초대형 몬스터

주로 이슬람 신화에 등장하는 몬스터의 일종이다. 엄청나게 거대한 몸집으로 땅을 지탱하고 있다고 한다. 육지의 몬스터로 알려졌으며 눈부신 빛을 뿜어낸다. 생김새는 거대한 물고기처럼 보일 때가 많지만, 하마나 코끼리 머리를 가진 몬스터로 묘사되기도 한다. 드래곤(→P38)처럼 생겼다고도 하는데, 이것은 최근 들어 게임의 영향이 크다. 몸집이 너무 거대해 보통 사람의 눈으로는 그 모습을 볼 수 없다. 예수 그리스도가 바하무트를 보았는데, 그 엄청난 크기와 강렬한 빛에 놀라 기절하고 말았다는 설도 있다. 예수 그리스도가 사흘 뒤에 다시 깨어나 보니 아직 바하무트가 눈앞을 지나가고 있었다고 한다.

몬스터 박사의 호기심 사전

기독교 신화에 따르면, 바하무트 위에는 거대한 황소 '쿠자타'가 올라타 있고, 쿠자타는 루비로 된 산을 짊어지고 있다고 한다. 루비 산 위에는 천사가 있는데, 이 천사의 위에 우리가 사는 인간 세계가 있다고 한다.

몬스터 정보

- **희소성**: ★★
- **크기**: 불명
- **생김새**: 사자 머리를 지닌 거대 독수리
- **특징**: 발톱으로 하늘을 찢고 울음 소리로 대지를 파괴하는 능력
- **활동장소**: 산
- **나라·지역**: 이라크

안주
하늘을 찢고 땅을 산산조각 내는 커다란 새

안주는 고대 메소포타미아 신화에 등장하는 몬스터이다. 머리는 사자, 몸통은 독수리의 모습을 하고 있다. '주', '임두구드'라고 불리기도 하며, 폭풍우와 눈의 화신이라고도 한다.
안주가 하늘을 나는 모습은 한눈에 알아볼 수 있는데, 발톱으로 하늘을 찢고 대지를 산산조각 내는 소리로 울부짖기 때문이다. 또한 어떤 새보다 빠르게 하늘을 날 수 있다.
안주는 악한 면과 선한 면을 모두 갖고 있다. 옛 이라크의 왕이 안주의

새끼에게 먹이를 주었더니 그 보답으로 좋은 무기와 많은 식량을 받았다고 한다.
또한 '엔릴'이라는 신을 지키던 안주가 엔릴의 소중한 도구를 훔쳐 나쁜 짓을 저지르려 했지만, 다른 신들이 안주를 쓰러뜨리고 무사히 되찾아 올 수 있었다는 신화가 전해지기도 한다.

몬스터 박사의 호기심 사전

안주는 그리스 신화에 등장하는 그리핀(→P62)과도 닮은 점이 있다. 그리핀은 머리는 독수리, 하반신은 사자의 모습을 하고 있다. 안주와는 반대인 모습이다. 어쩌면 이 두 마리는 같은 몬스터일지도 모르겠다.

기린

살생을 싫어하며 하늘을 나는 몬스터

기린은 사슴의 모습과 비슷하며 머리에 뿔 하나가 솟아 있다. 머리는 용을 닮았으며 입 주변에 긴 수염이 달렸다. 성격은 매우 온순하고 침착하며 언제나 당당한 모습이다. 두 개의 뿔을 가졌거나 아예 뿔이 없는 기린도 있다. 생명을 빼앗는 것을 매우 싫어하여 곤충이나 식물을 발로 밟아 죽이는 것조차 조심한다. 그래서 마른 풀만 먹고 산다. 싸움을 싫어하며 평화를 사랑하는 몬스터이지만, 한번 싸움이 붙으면 매우 강하다고 한다. 뛰어난 정치가나 현명한 왕이 태어났을 때 하늘을 날아다니기 때문에 기린이 나타나는 것은 매우 좋은 징조라고 여긴다. 반대로 기린을 상처 입히거나 기린의 사체를 발견하면 불길한 징조로 여긴다. 실제로 존재하는 동물인 기린은 이 전설의 몬스터 기린과 닮아서 붙여진 이름이다.

몬스터 박사의 호기심 사전

기린에는 수컷과 암컷이 있는데, 수컷을 '기', 암컷을 '린'이라고 부른다. 수컷과 암컷이 반대일 때도 있다. 또한 종류에 따라 털색이 다르다. 붉은색, 푸른색, 하얀색, 검은색, 노란색 이렇게 다섯 종류인데 이름도 각각 다르다고 한다.

몬스터 정보

- **희소성** ★
- **크기** 사자 정도
- **생김새** 상반신은 매, 하반신은 사자
- **특징** 발톱으로 소나 말을 낚아채 하늘로 날아오른다.
- **활동 장소** 하늘 **나라·지역** 유럽

그리핀

하늘과 땅의 왕 사이에서 태어난 몬스터

그리핀은 매의 상반신에 날개가 있으며 하반신은 사자의 모습을 하고 있다. 하늘의 왕인 매와 육지의 왕인 사자가 합체한 몸통은 강인함을 나타내는 상징으로 왕의 문장으로 사용되고는 하였다. 성격이 난폭하여 보물을 빼앗으려는 인간을 갈기갈기 찢어 버린다고 한다.

카스피해 근처의 코카서스 산속에 살며 날카로운 발톱으로 소와 말을 낚아채 잡아먹는다. 이런 강인한 모습 때문에 그리핀을 수호신으로 여기며 가문의 문장으로 삼는 사람도 많았다.

그리핀은 원래 그리스 신화의 신 중에서도 가장 높은 제우스나 태양의 신 아폴론이 타는 수레를 끄는 생물이었다. 하지만 자신과 똑같이 수레를 끄는 말에게 경쟁심을 느껴 수컷 말을 죽이고 암컷 말은 살려서 새끼를 낳게 했다고 한다.

몬스터 박사의 호기심 사전

몬스터들은 종이 다르더라도 서로 어울려 자식을 낳기도 한다. 용과 말 사이에서 태어난 새끼는 머리가 용이고 몸은 말인 '용마'이다. 그리핀과 암말 사이에서는 상반신은 매이고 하반신은 말인 '히포그리프'가 태어났다.

케찰코아틀

화려한 모습의 뱀 신

케찰코아틀은 화려한 색깔의 깃털로 뒤덮인 뱀의 모습을 하고 있다. 얼굴이 하얀 남성 모습의 신이라고도 알려져 있다.

멕시코에 전해져 내려오는 몬스터로 성격이 온순한 평화의 신이다. 살아 있는 제물을 바치지 못하게 막고, 사람들에게 불의 사용법과 농업 기술을 알려 주었다고도 한다.

어떤 전설에서는 케찰코아틀이 세계를 창조하고 파괴할 수 있으며 현 세계는 케찰코아틀이 창조한 세계라고 전한다. 성격이 매우 온화해 세계를 파괴할 리는 없지만, 다른 신과 싸우다가 의도치 않게 파괴할 수도 있다고 한다.

멕시코 등지에 실제로 서식하는 아름다운 새 '케찰'은 케찰코아틀의 심부름꾼이었다고 알려져 있다.

몬스터 정보

- **희소성** ★★★
- **크기** 수백 m
- **생김새** 화려한 깃털로 뒤덮인 뱀
- **특징** 인간에게 매우 친절하며 세계를 창조했다.
- **활동 장소** 숲, 하늘
- **나라·지역** 멕시코

몬스터 박사 호기심 사전

케찰코아틀

케찰코아틀과 비슷한 깃털을 가진 새, 케찰

케찰코아틀과 비슷한 깃털을 가진 아름다운 새가 남미 멕시코와 과테말라 등에 서식한다. 케찰이라는 이름의 새로, 기다란 꼬리털이 있다. 머리에서 등까지 에메랄드 색을 띠고 있어서 빛이 비치는 방향에 따라 색깔이 다르게 보인다. 가슴 털은 붉은색이다.
15세기 무렵 멕시코에서는 케찰이 케찰코아틀의 심부름꾼이었다고 생각했다. 그래서 케찰의 날개를 장신구로 몸에 달 수 있는 사람은 왕처럼 신분이 높은 사람뿐이었다. 무척 희귀한 새라서 케찰을 발견한 사람은 영원한 행복이 찾아온다는 전설이 있다.

매우 선명하고 아름다운 날개털을 가진 케찰

케찰코아틀의 신전

멕시코의 테오티우아칸 유적에는 케찰코아틀의 신전이 있다. 그곳에서는 100개 이상의 유골이 발견되었다. 이 유골은 케찰코아틀 신에게 바쳐진 제물이라는 설과 케찰코아틀 신을 믿는 사람들이 다른 신을 믿는 사람들을 죽여서 땅에 묻었을 것이라는 등 여러 설이 존재한다.

케찰코아틀의 얼굴이 조각된 케찰코아틀 신전

케찰코아틀의 라이벌

평화를 사랑하는 신인 케찰코아틀에게도 라이벌은 존재했다. '테스카틀리포카'라는 신으로, 4형제 중 하나이다. 몸통은 검은색이고 얼굴에는 검정과 노란색 무늬가 있다. 재규어로 변신할 수도 있다. 케찰코아틀이 인간이 살기 좋은 세상을 만들면 테스카틀리포카는 인간을 죽이거나 다른 동물로 변해 세상을 파괴했다고 한다. 한편에서는 둘이 서로 협력하여 세계를 창조했다는 이야기도 전해진다.

헬하운드

다른 세계에서 건너온 검은 짐승

헬하운드는 검은색 털이 덥수룩한 몸통에 불타는 듯한 붉은 눈을 가진 무시무시한 개 모습의 몬스터이다. '지옥의 개'라는 별명으로 불리며 '블랙독'이라고도 한다. 인적이 드문 길이나 어두워진 도로, 현관 등 인간의 생활에 깊이 관련된 장소에 모습을 드러낸다. 특히 사거리에 자주 출몰한다. 성격이 매우 난폭하며 인간을 공격할 때 심각한 상처를 입히거나 숨통을 끊어버리기도 한다. 사라질 때는 유황 냄새를 남기며 모습을 감춘다고 한다.

몬스터 정보

희소성	★☆☆
크기	개 정도
생김새	검은 몸통에 타는 듯이 붉은 눈을 가진 개
특징	성격이 난폭하며 갑자기 나타나서 인간을 죽인다.
활동장소	골목길
나라·지역	영국

시 서펜트

바다에서 인간을 습격하는 거대한 뱀 몬스터

예로부터 어부들 사이에서 전해 오는 거대 몬스터이다. 뱀처럼 길쭉한 몸통을 구불거리며 헤엄치다가 배를 발견하면 침몰시키고 인간을 습격하기도 한다. 손발이 달리고 지느러미가 달린 시 서펜트도 있다고 한다.
UMA(→P76) 일종이라고도 하며 예로부터 목격 정보가 많았다. 정체에 관해서는 다양한 설이 있지만, 아직 정확히 밝혀지지 않았다. 시 서펜트를 전문적으로 연구하는 학자도 있으니 머지않아 정체가 밝혀질 것이다.

몬스터 정보

희소성	★★
크기	수십 m ~ 수백 m
생김새	길쭉한 뱀의 몸통
특징	배를 침몰시키거나 인간을 습격한다.
활동 장소	바다
나라·지역	전 세계

선더버드

뇌우를 부르는 수수께끼의 괴조

선더버드는 북미 대륙에서 소문으로 전해지는 수수께끼의 괴조이다. 생김새는 독수리와 비슷하지만, 매우 커다랗고 날개의 색이 번개처럼 노랗거나 보라색을 띤다고 한다. 미국 원주민의 옛 전설에 자주 등장한다.
선더버드는 이름 그대로 번개를 조종하는데, 사냥할 때도 번개를 사용해 포획물의 목숨을 빼앗는다.
인간을 낚아채 가기도 한다. 1977년 미국의 일리노이주 민가에 선더버드가 나타나 뒷마당에서 놀고 있던 세 명의 아이 중 한 명을 낚아채 가려 한 사건이 발생했다. 다행히 아이가 격렬하게 몸부림쳐서 하늘로 끌려 올라가다가 땅으로 떨어져 목숨을 구할 수 있었다고 한다.

몬스터 정보

- **희소성**: ★☆☆
- **크기**: 8m 이하
- **생김새**: 번개와 비슷한 색의 날개를 가진 커다란 새
- **특징**: 번개를 조종한다. 인간을 낚아채 납치한다.
- **활동장소**: 하늘
- **나라·지역**: 미국, 캐나다

몬스터 박사의 호기심 사전

선더버드의 정체가 몸무게 20kg 이상에 날개 길이는 5m가 넘는 거대한 새 '테라토르니스'의 후예일 것이라는 설이 있다. 또한 북미 대륙에 서식하는 날개 길이 2.5~2.9m인 캘리포니아 콘도르일지도 모른다는 설도 있다.

유니콘

날카로운 뿔로 무엇이든 찌르는 아름다운 몬스터

유니콘은 머리에 소용돌이처럼 꼬인 기다란 뿔이 하나 솟아 있는 하얀 말의 모습을 하고 있다. 사자의 꼬리와 염소의 턱수염, 양쪽으로 갈라진 발굽을 가진 유니콘과 물고기의 꼬리가 달리거나 날개가 달린 유니콘도 있다.

크기가 다양한데, 산처럼 거대하거나 소형견처럼 작은 종류도 있다. 포악한 성격이지만, 소녀에게는 쉽게 마음을 열고 친해진다고 한다.

유니콘은 말보다 빠르게 달릴 수 있으며 인간이 죽일 수는 있지만, 길들일 수는 없다. 또한 자존심이 세고 머리가 좋다. 인간이나 적에게 둘러싸이면 공중으로 몸을 날리고 떨어질 때는 머리를 숙인 채 뿔을 땅에 박으며 충격을 줄여 착지한 뒤 도망친다고 한다.

유니콘의 뿔은 귀족이 갖고 싶어 하는 보물이었다. 무엇이든 찌를 수 있고 모든 병을 치유할 수 있으며 더러워진 물을 깨끗하게도 하고 음식이나 물에 섞인 독을 중화할 수 있는 능력을 지녔기 때문이라고 한다.

몬스터 정보

- **희소성**: ★
- **크기**: 다양한 크기
- **생김새**: 뿔이 달린 백마
- **특징**: 뿔의 힘을 이용해 독으로 오염된 물을 정화한다.
- **활동장소**: 산, 숲
- **나라·지역**: 유럽

몬스터 박사 호기심 사전

유니콘

유니콘의 뿔이라고 알려져 남획된 일각돌고래

유니콘은 머리에 소용돌이 모양의 뿔이 솟아 있다. 이 뿔이 독을 없애 준다고 하여 왕이나 부자들이 서로 가지고 싶어 했다. 하지만 유니콘은 희귀할 뿐만 아니라 성격이 난폭하여 잡기가 매우 어려웠다. 이 때문에 일각돌고래의 엄니를 유니콘의 뿔이라고 속여서 판매하는 일이 많았다고 한다.

일각돌고래는 고래의 일종이지만, 뿔처럼 길게 뻗은 엄니가 솟아 있고 유니콘의 뿔처럼 빙빙 꼬인 소용돌이 모양을 하고 있다. 이러한 탓에 수많은 일각돌고래가 사람들에게 붙잡혀 목숨을 잃고 말았다.

유니콘의 뿔과 닮은 엄니를 가진 일각돌고래의 모습

국가의 상징인 유니콘

영국에서는 유니콘을 국가의 상징으로 사용한다. 영국의 국장은 잉글랜드를 의미하는 사자와 스코틀랜드를 의미하는 유니콘이 방패를 지탱하고 있는 모양이다. 난폭하고 위험하다는 전설 때문인지 국장에 묘사된 유니콘의 목에는 사슬이 감겨 있다. 이 외에도 스코틀랜드에는 유니콘 동상이 많다고 한다.

영국 버킹엄 궁전의 문에는 유니콘이 새겨진 국장이 장식되어 있다.

노아의 방주에 타지 않은 유니콘

아주 먼 옛날, 온 세상을 뒤덮을 정도로 큰 홍수가 일어나 많은 생물이 목숨을 잃은 이야기가 기독교에 전해져 온다. 이 홍수로부터 많은 생명을 지키기 위해 '노아'라는 인간이 커다란 배를 만들었다. 바로 '노아의 방주'이다. 많은 생물이 이 배에 탔지만, 자존심이 센 유니콘은 스스로 헤엄칠 수 있다며 거절했다. 비가 쏟아지는 가운데 힘을 내며 헤엄쳤지만, 유니콘은 결국 홍수를 이기지 못하고 목숨을 잃고 말았다고 한다.

UMA란 무엇일까?

현대에 존재하는 몬스터?

UMA란 '미확인 생물'이라고 불리는 생물이다. 즉, 목격 정보나 사진, 소문 등이 있지만 정말로 존재하는지 알 수 없는 생물을 말한다. 유명한 UMA로는 '빅풋'과 '네시'가 있다.
최근에는 몽골에서 목격된 '몽골리안 데스 웜'이라는 거대 지렁이 UMA가 실제로 존재할 가능성이 크다는 학자들의 조사 결과가 발표되었다. 몬스터 역시 전설에 등장하지만 실제로 존재하는지 알 수 없는 존재이다. 이러한 점이 UMA와 비슷하다. 하지만 세밀한 부분까지 비교해 보면 UMA는 생물이고 몬스터는 생물뿐 아니라 정체가 확실하지 않은 모든 존재를 나타낸다. 따라서 UMA는 몬스터의 일부라고 할 수 있다.
현재는 과학이 발전해 점점 새로운 생물이 발견되고 있다. 새로운 생물은 발견된 시점부터 UMA에서 제외된다. 사실 고릴라와 판다도 19세기까지는 UMA에 속했다. 그때까지는 인간보다 몸집이 큰 털북숭이 몬스터가 존재한다는 정도만 알려져 있었기 때문이다.
앞으로도 더 많은 새로운 생명체가 발견될 것이다. 과거부터 현재까지 발견되지 않았던 몬스터도 발견될지 모를 일이다. 또한 환경의 변화로 생물이 다르게 진화해 몬스터로 변할 가능성도 있다.

몽골리안 데스 웜은 어두운 붉은색을 띠고 있다고 한다.

제 2장
환상 몬스터

정령이나 요정이라 불리는 몬스터이다.
귀여운 외모를 가졌지만,
인간을 공격하거나 엄청난 재해를 일으키는 등
장난으로 볼 수 없는 일을 일으키므로 조심해야 한다.

카벙클

신출귀몰하고 반짝이며 움직이는 보석

카벙클은 다람쥐나 토끼만 한 크기의 몬스터로 알려졌지만, 자세히 알려진 정보는 없다.
스페인의 모험가 센테네라가 남미 여러 나라를 탐험했을 때의 일을 기록한 전기 《아르헨티나》(1602년)에 실제로 카벙클을 목격했다는 기록이 남아 있는 정도이다. 이에 따르면 센테네라는 남미의 파라과이에서 이마에 불타는 석탄처럼 새빨갛게 빛나는 보석이 박힌 카벙클을 목격했다고 한다.

몬스터 박사의 호기심 사전

카벙클의 이름은 '붉은 보석'이라는 뜻이다. 카벙클의 이마에 달린 보석을 손에 넣으면 재산은 물론 지위나 명예까지 얻을 수 있다고 한다. 카벙클은 행운을 상징하기도 한다.

그 후로 많은 사람이 카벙클의 이마에 달린 보석을 손에 넣기 위해 몇 년에 걸쳐 탐험을 이어 갔지만 아무도 발견하지 못했다고 한다.

몬스터 정보

- **희소성** ★★★
- **크기** 작은 동물 정도
- **생김새** 토끼와 다람쥐를 닮았고 긴 꼬리가 달렸다는 정도만 알려져 있다.
- **특징** 이마에 달린 반짝이는 보석
- **활동장소** 숲속
- **나라·지역** 파라과이

우로보로스

자기 자신을 입에 물고 있는 거대한 뱀

우로보로스는 커다란 뱀이 입으로 자기 꼬리를 물어 커다란 원을 만들고 있는 모습이다. 뱀이 아니라 드래곤(→P38)의 모습일 때도 있다.

우로보로스에는 두 가지 유형이 있다. 하나는 뱀 한 마리가 원형을 이루며 자기 자신을 입으로 물고 있는 모습이고, 또 다른 하나는 두 마리 뱀이 서로를 입에 물고 둥글게 이어진 모습이다.

여러 번 탈피하며 성장하는 강한 생명력을 가진 뱀의 특성처럼 우로보로스는 영원과 무한을 뜻하는 존재이며 번영을 가져다주는 신으로서 인간에게

2장

몬스터 박사의 호기심 사전

우로보로스가 자기 꼬리를 물고 있는 모습은 자기가 저지른 나쁜 행동이 되돌아온다는 '자업자득'의 뜻도 있다. 이처럼 다양한 의미를 지닌 우로보로스는 조각이나 장식, 철학적인 의미를 담은 도안과 종교적 기호로도 사용된다.

숭배되었다.
고대 중국의 홍산 문화 유적지에서도 우로보로스와 비슷한 생물 조각이 발견되었다. 이 생물은 '저룡', '옥저룡'이라 불리며 돼지처럼 살찐 머리에 뱀의 몸통을 하고 있으며 자기 꼬리를 물고 있는 모습이다.

몬스터 정보

- **희소성**: ★★★
- **크기**: 무한대
- **생김새**: 자기 꼬리를 물어 둥글게 이어진 뱀의 모습
- **특징**: 영원과 무한, 번영을 가져다준다.
- **활동장소**: 불명
- **나라·지역**: 유럽

몬스터 박사의 호기심 사전

전설적인 영웅 벨레로폰은 신의 마음에 들었다고 착각해 페가수스를 타고 신의 나라에 오르려 했다. 하지만 제우스가 던진 뱀이 페가수스의 엉덩이를 무는 바람에 벨레로폰은 페가수스로부터 떨어져 황야에 추락했다고 한다.

페가수스

우아하고 아름다운 하늘을 나는 신의 말

백마의 몸통에 새의 날개가 있어서 하늘을 날 수 있다. 불사신이기도 하다. 메두사(→P234)가 영웅 페르세우스에게 패했을 때, 메두사의 잘린 목에서 페가수스가 태어났다고 한다.
지상에서 신의 나라까지 자유롭게 오갈 수 있으며 천둥 번개를 운반하기도 했다. 자존심이 매우 세고 난폭한 성격 때문에 보통 인간은 등에 올라탈 수도 없었고, 땅을 박차면 물이 샘솟아 연못을 만들 수 있었다고도 한다.
페가수스는 연못에서 물을 마시다가 영웅 벨레로폰에게 붙잡혀 함께 모험에 나서게 되었다. 벨레로폰은 페가수스에 올라타 키마이라(→P94)를 퇴치하고 많은 전설을 만들어냈다.

2장

몬스터 정보

| 희소성 | ★★ | 크기 | 말의 크기 | 생김새 | 커다란 날개가 달린 백마 |
| 특징 | 천둥 번개를 운반하며 연못을 만든다. | | | 활동장소 | 하늘 | 나라·지역 | 그리스 |

잭오랜턴

천국에도 지옥에도 갈 수 없는 불꽃 사나이

잭오랜턴은 호박 머리를 한 남성으로 번쩍번쩍 빛나는 옷을 입고 있다. 불덩어리로 나타나기도 하는데 그럴 때는 도깨비불이라고 불리기도 한다. 밤에 여행자들 앞에 나타나 길을 안내하는 척하면서 헤매게 하거나 끝없이 빠지는 늪으로 끌어들이기도 한다. 반대로 길을 잃고 헤매는 여행자에게 올바른 길을 안내한다는 설도 있다.

아일랜드에는 잭오랜턴에 관한 전설이 있다. 잭이란 게으름뱅이가 있었는데 지옥에서 온 악마를 속여 자신이 죽더라도 지옥으로 데려가지 않겠다는 약속을 받아냈다. 시간이 흘러 생명을 다한 잭은 나쁜 짓을 너무 많이 저질러서 천국에 갈 수 없었다. 하지만 악마와의 약속 때문에 지옥에도 가지 못한 채 아직도 이곳저곳을 헤맨다고 한다.

10월 31일은 다른 세계에서 정령과 마녀(→P206)가 찾아오는 날이다. 이날이 오늘날의 핼러윈 데이로 이어졌다. 10월 31일은 잭이 악마를 속인 날이라고도 한다.

몬스터 정보

희소성	★☆☆
크기	인간 정도
생김새	호박 머리의 남성
특징	인간이 길을 헤매게 만든다.
활동장소	야외
나라·지역	유럽

몬스터 박사 호기심 사전

잭오랜턴

핼러윈 데이와 호박

안에 등불을 넣은 호박을 잭오랜턴이라고 한다. 핼러윈 데이 때 흔히 볼 수 있는데, 이 이름은 몬스터 '잭오랜턴'이 악마에게 받은 불을 등불로 만들어 어두운 길로 다닐 때 사용했다는 데서 유래했다. 죽은 사람의 넋, 즉 영혼을 맞이하는 날인 핼러윈 데이에는 나쁜 영혼도 함께 돌아온다. 나쁜 영혼의 장난으로 착한 영혼이나 인간이 길을 잃지 않도록 이정표가 될 불빛이 필요했고, 잭오랜턴 전설에서 영감을 얻어 호박 안에 등불을 넣어 두는 풍습이 생겼다고 한다. 원래는 호박이 아니라 순무를 사용하였다거나 호박 안에 넣어 둔 등불이 좋은 영혼을 부르고 나쁜 영혼을 내쫓는 힘을 지녔다는 이야기도 있다.

핼러윈에 사용되는 잭오랜턴 장식물

도깨비불이라는 수상한 불덩어리

잭오랜턴이 호박 없이 불덩어리 형태로만 날아다닐 때가 있다. 이렇게 불덩어리만 날아다니는 것을 '도깨비불'이라고 부른다. 세계 곳곳에서 목격되었으며 청백색으로 빛날 때가 많다.

도깨비불에 가까이 다가가면 바닥없는 늪이나 위험한 길로 끌려가게 된다. 그러니 수상한 불덩어리를 발견하면 조심해야 한다.

한밤중 늪에 나타난 도깨비불이 수상하게 빛나고 있다.

왜 '잭'이라고 불릴까?

잭이란 이름으로 불리는 몬스터는 잭오랜턴 외에 '잭 프로스트(→P110)'와 '잭 인 더 그린(→P106)'이 있다.
'잭'은 미국과 유럽에서 오래전부터 남자아이의 이름으로 인기가 많았다.

우리나라로 치면 '철수'와 같은 이름이다.
원래 인간이었던 몬스터나 인간의 모습과 비슷한 몬스터에 '잭'이란 이름을 붙이는 경우가 많다.

엘프

마법을 사용하는 친절하고 아름다운 요정

매우 아름답고 젊으며 늙지도, 죽지도 않는다. 수백 년을 사는 요정으로 마법을 자유롭게 사용한다. 어려움에 빠진 인간을 돕거나 지혜를 빌려주기도 한다. 엘프는 드워프(→P156)나 그렘린(→P100)처럼 인간을 싫어하는 종족과는 다르게 인간에게 친절해서 판타지 소설이나 SF 영화에 온순하고 평화를 사랑하는 성격으로 등장하곤 한다. 인간만 한 크기로 묘사되지만, 작고 못생긴 외모로 묘사되기도 한다.

2장

몬스터 박사의 호기심 사전

엘프의 특징은 길고 뾰족한 귀다. 이러한 모습은 유럽에서 널리 퍼져 세계적으로 알려졌다.
아름다운 인간의 모습을 하고 있어도 귀를 보면 바로 엘프인지 아닌지 정체를 알 수 있다.

원래 유럽의 오랜 신화에 등장하는 전통적인 종족이며 깊은 숲속이나 맑은 샘물 근처, 오래된 우물 바닥이나 지하에서 조용히 숨어 지낸다. 유럽 북부에서는 자연을 관리하는 존재라고 알려져 있다.

몬스터 정보

희소성	★☆☆
크기	인간 성인의 크기
생김새	매우 아름답고 젊으며 귀 끝이 뾰족하다.
특징	수백 년을 살고 마법을 사용한다.
활동 장소	숲이나 연못
나라·지역	유럽

몬스터 박사의
호기심 사전

오거는 고블린(→P118), 코볼트(→P122), 오크(→P108)와 같은 몬스터들은 광산에서 캔 보석을 오거에게 바쳤다. 화려한 왕관을 쓴 오거가 하인을 부리는 중세 그림을 통해 오거가 그들의 왕이었음을 알 수 있다.

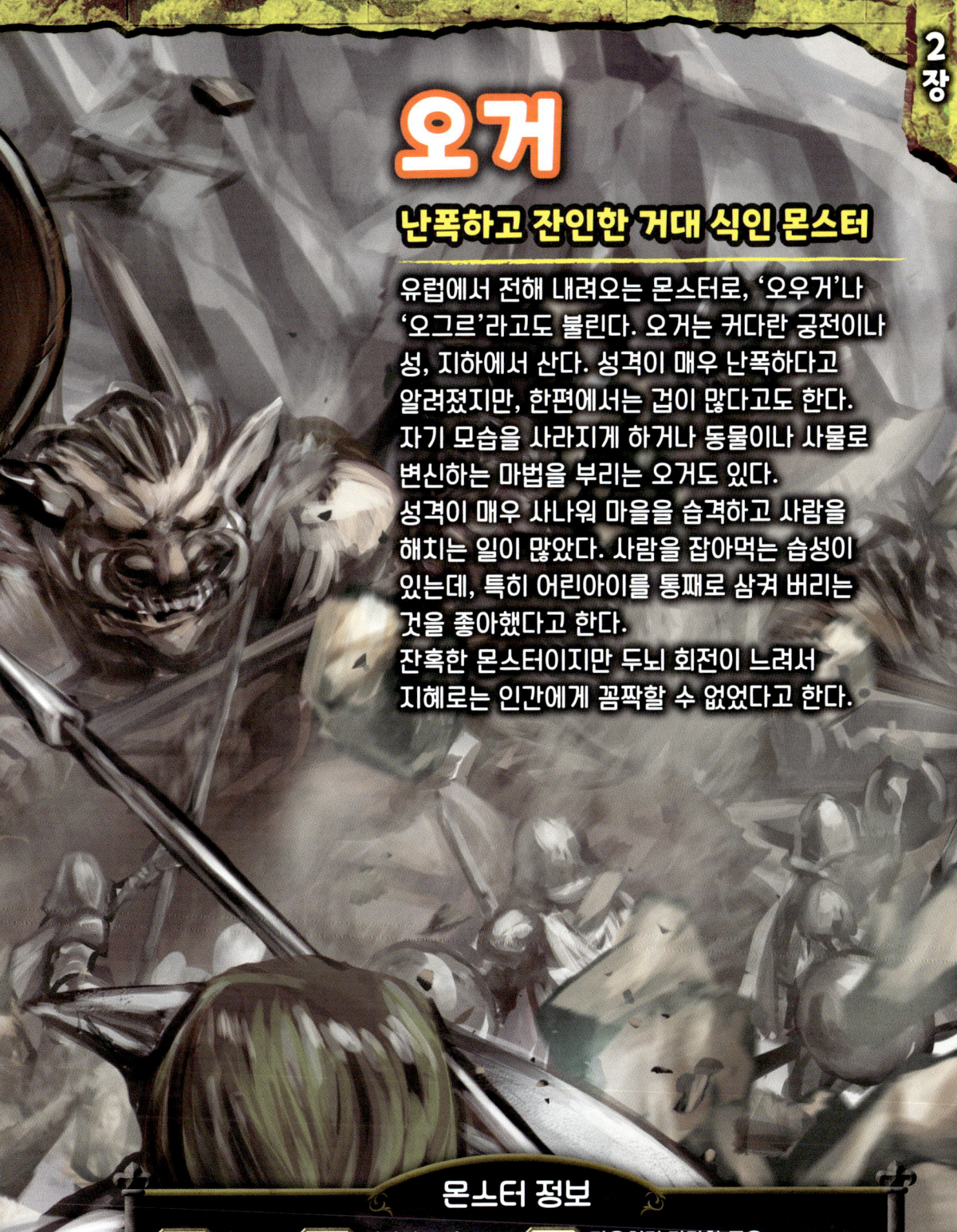

오거

난폭하고 잔인한 거대 식인 몬스터

유럽에서 전해 내려오는 몬스터로, '오우거'나 '오그르'라고도 불린다. 오거는 커다란 궁전이나 성, 지하에서 산다. 성격이 매우 난폭하다고 알려졌지만, 한편에서는 겁이 많다고도 한다. 자기 모습을 사라지게 하거나 동물이나 사물로 변신하는 마법을 부리는 오거도 있다.
성격이 매우 사나워 마을을 습격하고 사람을 해치는 일이 많았다. 사람을 잡아먹는 습성이 있는데, 특히 어린아이를 통째로 삼켜 버리는 것을 좋아했다고 한다.
잔혹한 몬스터이지만 두뇌 회전이 느려서 지혜로는 인간에게 꼼짝할 수 없었다고 한다.

몬스터 정보

- **희소성**: ★
- **크기**: 인간의 크기
- **생김새**: 갑옷처럼 단단한 근육, 길게 자란 수염, 뾰족한 귀
- **특징**: 변신하거나 모습을 감추는 마법을 사용하는 오거도 있다.
- **활동 장소**: 궁전, 지하
- **나라·지역**: 유럽 북부

몬스터 박사의 호기심 사전

2012년 7월 8일, 봉황 전설이 남아 있는 중국 헤이룽장성 하얼빈 시의 봉황산에서 한 관광객이 하늘을 나는 기묘한 생물을 목격했다. 그 생물은 거대한 날개로 하늘을 날았으며 온몸에서 빛이 났다고 한다.

봉황

평화를 상징하며 행운을 부르는 전설의 새

봉황은 공작의 몸통에 닭의 부리, 뱀의 목, 물고기의 꼬리가 달린 신비로운 모습을 하고 있다. 기린(→P60)과 함께 중국의 신수이며 엄청난 행운을 불러오는 존재라고 한다.
'영천'이라는 달콤한 물이 솟는 환상의 연못 물을 마시며 희귀한 대나무 열매를 먹고 오동나무에만 머무른다. 또한 봉황의 알은 불로장생의 약으로 쓰인다고 한다.
평화롭고 행복할 때만 모습을 드러내기 때문에 봉황은 사람들에게 환영받는 몬스터이다.
이 세상 모든 생물의 우두머리이며 특히 모든 새가 따른다고 한다. 봉황이 날면 주변 새도 그 뒤를 따라 날고 봉황이 죽으면 모든 새가 슬퍼한다.
봉황은 한국과 일본에서도 널리 알졌는데, 어질고 덕이 뛰어난 왕을 상징하여 주로 왕의 상징으로 사용되었다.

몬스터 정보

- **희소성**: ★★★
- **크기**: 공작 정도
- **생김새**: 공작의 몸통에 닭의 부리, 뱀의 목, 물고기의 꼬리
- **특징**: 평화의 상징이며 생물의 우두머리
- **활동 장소**: 하늘
- **나라·지역**: 중국

키마이라

여러 동물이 모인 합체 몬스터

키마이라는 사자의 머리, 염소의 몸통, 뱀의 꼬리가 달린 몬스터이며 등에 염소 머리가 달린 경우도 있다. 입으로 불꽃을 내뿜어 주변을 모조리 태워 버릴 수 있으며 매우 강인한 몸을 지녔다.

그리스 신화에 등장하는 몬스터로, 재앙의 신인 티폰(→P230)과 반인반수인 에키드나(→P190) 사이에서 태어났다.

튀르키예의 리키아 지방에 살았던 키마이라는 불을 뿜어서 땅을 불태우고 자신과 마주친 생물을 남김없이 모조리 잡아먹는 등 난폭하게 날뛰었다. 그러자 '벨레로폰'이라는 영웅이 페가수스(→P82)를 타고 키마이라를 퇴치하러 나섰다. 납이 달린 창을 키마이라의 입안으로 찔러 넣자, 입에서 내뿜는 불에 납이 녹아 키마이라의 목을 막았고 숨을 쉬지 못한 키마이라는 결국 목숨을 잃고 말았다.

몬스터 박사의 호기심 사전

다양한 생물이 섞인 몬스터를 '키메라'라고 부르는데, 키마이라 이름에서 유래되었다. 키메라는 실제로 존재한다. 대표적으로 사자와 호랑이가 섞인 라이거, 소와 염소가 섞인 영양이 있다.

몬스터 정보

- **희소성**: ★
- **크기**: 소 정도
- **생김새**: 사자의 머리, 염소의 몸통, 뱀의 꼬리
- **특징**: 마주치면 무엇이든 잡아먹으며 입에서 불을 내뿜는다.
- **활동 장소**: 산
- **나라·지역**: 그리스

호문쿨루스
인간이 만들어 낸 교활한 생명체

인간의 아기보다 작으며 태어나면서부터 모든 지식을 익혀 세계 곳곳의 정보를 모두 알고 있다. 하지만 플라스크(실험용 유리병) 안에서만 살 수 있고 환경이 조금만 변해도 목숨을 잃는 매우 약한 몬스터이다. 따라서 인간을 직접 공격하지는 못한다.

호문쿨루스의 정체는 다양한 물질을 섞어 온갖 사물을 만들어 내는 연금술로 탄생한 인조인간이다. 16세기가 되면서 그 존재가 널리 알려지게 되었고 연금술의 발전과 함께 전 세계로 퍼졌다.

호문쿨루스를 만든 연금술사 파라켈수스에 따르면, 용기에 인간의 체액과 대변, 여러 종류의 허브를 넣고 공기가 들어가지 않게 뚜껑으로 막아 40일간 그대로 방치해 부패시키면 인간의 모습을 한 투명한 물체가 생긴다고 한다. 그곳에 매일 혈액을 넣어 말의 자궁과 같은 습도로 보온하면서 40주간 유지하면 호문쿨루스가 탄생한다고 한다. 하지만 파라켈수스 이외에는 성공한 사람이 없다.

몬스터 정보

- **희소성** ★☆☆
- **크기** 아기와 비슷한 체격
- **생김새** 플라스크 안에 사는 아기의 모습
- **특징** 온갖 지식을 두루 갖췄다.
- **활동 장소** 플라스크 안
- **나라·지역** 유럽

몬스터 박사 호기심 사전

호문쿨루스

호문쿨루스를 만든 연금술사

호문쿨루스는 17세기 무렵, 파라켈수스라는 연금술사가 만들었다. 연금술사란 다양한 물질을 연구하여 새로운 물질을 만들어 내는 연구자를 말한다.

파라켈수스는 인간의 신체 구조를 연구하던 중, 인조인간인 호문쿨루스를 만드는 데 성공했다. 호문쿨루스를 만드는 방법은 호문쿨루스의 재료를 말의 태내(아기가 자라는 어머니의 배 속)와 같은 습도로 보온한 플라스크 안에서 40주 동안 보존하는 것이다. 이러한 방법은 인간의 아기가 어머니의 배 속에서 40주를 보내는 것과 같다. 호문쿨루스에게 플라스크는 어머니의 배 속인 셈이다.

호문쿨루스를 만든 연금술사 파라켈수스
일본 국립국회도서관소장
<아리스토텔레스에서 뉴튼까지>

인간이 창조한 몬스터

인간이 탄생시킨 몬스터는 다양하다. 자기 명령이라면 무엇이든 들어줄 생물을 바라던 끝에 탄생한 결과물인 것이다.

호문쿨루스 (➡ P96)
플라스크 안에서만 생존할 수 있는 작은 몬스터이다. 지능이 뛰어나다.

골렘 (➡ P212)
자신을 만들어 준 인간을 온 힘을 다해 보호하는 흙 인형이다. 흙과 진흙으로 만들어졌다.

가고일 (➡ P170)
인간의 손에 만들어진 조각상 몬스터이다. 갑자기 움직여서 인간을 공격한다.

프랑켄슈타인 (➡ P248)
인간의 시체로 만들어졌는데, 보기 흉한 생김새 때문에 버려졌다.

그렘린

기계를 망가뜨리고 전투기를 습격하는 악동

키는 50cm, 몸무게는 8kg 정도이고 숱이 적은 토끼와 비슷한 외모이다. 뿔이나 물갈퀴가 달린 것도 있다. 붉은색 상의와 조종사가 입는 재킷에 초록색 바지, 부츠 등을 몸에 걸치고 있을 때도 있다. 사나운 성격에 기계 망가뜨리는 것을 좋아해서 비행기의 와이어를 끊어 비행기를 날지 못하게 만들기도 한다.

그렘린은 1920년대에 영국 공군 조종사에게 최초로 발견되었다. 고산 지대에 사는 몬스터인 그렘린이 하늘을 나는 비행기에 흥미가 생겨 올라탔다고도 한다. 독일군은 그렘린에게 공격당한 적이 있으며 제2차 세계 대전 중에는 미국군도 그렘린을 목격했다고 한다. 그렘린이라는 이름은 옛 영어로 '괴롭히기 위해'라는 뜻인 '그레미안'과 몬스터인 '고블린(→P118)'에서 따온 이름이라는 설이 있다.

몬스터 박사의 호기심 사전

그렘린은 전투기를 망가뜨려서 전쟁에 나갈 수 없게 만든다. 하지만 적국의 전투기 역시 망가뜨리기 때문에 행운의 상징으로 보기도 했다. 실제로 1942년부터 1945년에 걸쳐 미국 공군은 그렘린 인형을 갖고 다녔다고 한다.

몬스터 정보

- **희소성** ★
- **크기** 작은 개 정도
- **생김새** 숱이 적은 토끼와 비슷하고 사악한 얼굴을 하고 있다.
- **특징** 기계에 장난을 쳐서 망가뜨린다.
- **활동장소** 기계 옆이나 하늘 **나라·지역** 전 세계

몬스터 박사의 호기심 사전

《산해경》은 고대 중국의 지리와 그 당시 살고 있는 동식물 등을 기록한 책이다. 그중에는 '어느 산에 어떤 요괴가 살고 있다'처럼 흥미로운 내용이 다수 기록되어 있다고 한다. 마치 중국의 요괴 사전 같다.

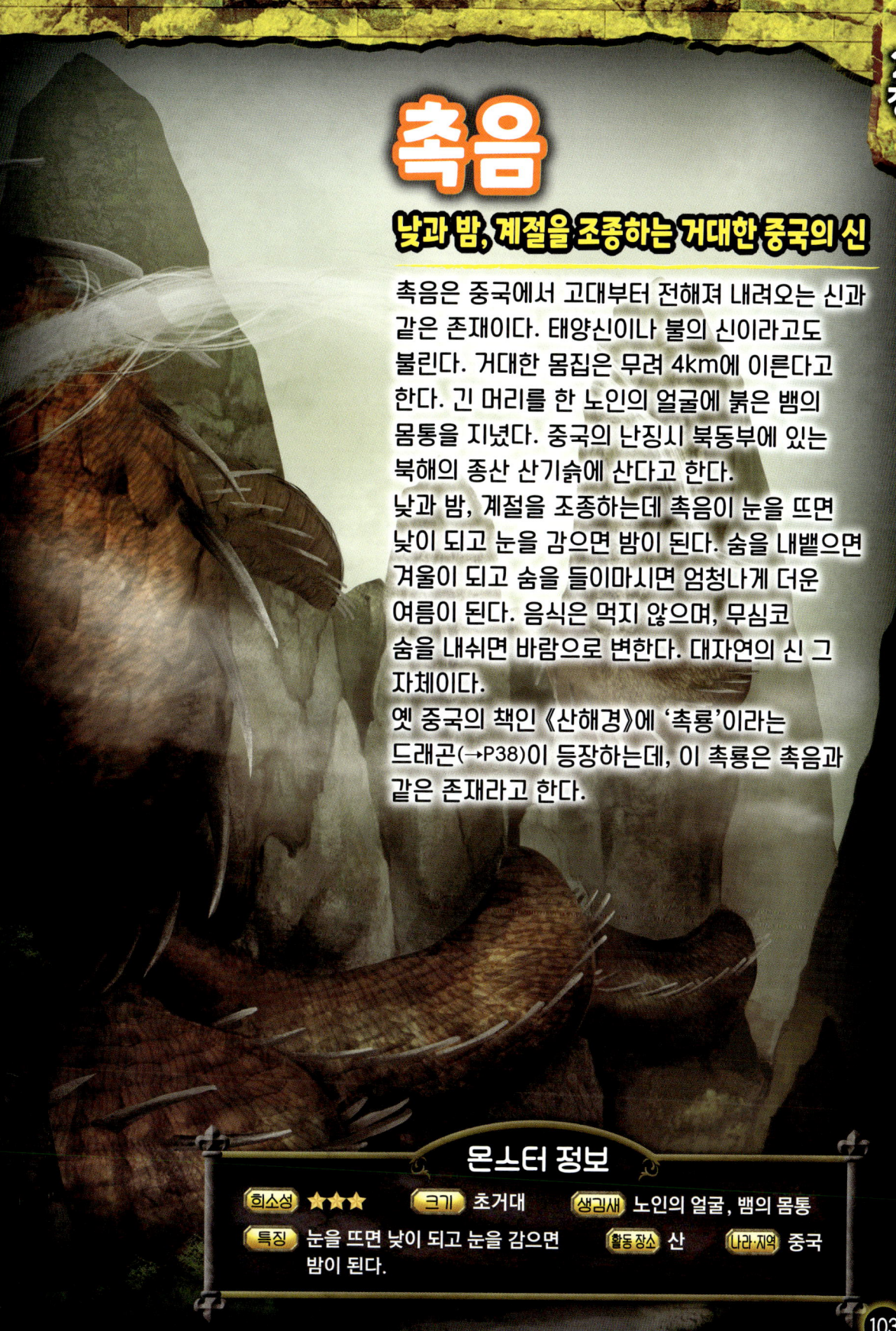

촉음

낮과 밤, 계절을 조종하는 거대한 중국의 신

촉음은 중국에서 고대부터 전해져 내려오는 신과 같은 존재이다. 태양신이나 불의 신이라고도 불린다. 거대한 몸집은 무려 4km에 이른다고 한다. 긴 머리를 한 노인의 얼굴에 붉은 뱀의 몸통을 지녔다. 중국의 난징시 북동부에 있는 북해의 종산 산기슭에 산다고 한다.

낮과 밤, 계절을 조종하는데 촉음이 눈을 뜨면 낮이 되고 눈을 감으면 밤이 된다. 숨을 내뱉으면 겨울이 되고 숨을 들이마시면 엄청나게 더운 여름이 된다. 음식은 먹지 않으며, 무심코 숨을 내쉬면 바람으로 변한다. 대자연의 신 그 자체이다.

옛 중국의 책인 《산해경》에 '촉룡'이라는 드래곤(→P38)이 등장하는데, 이 촉룡은 촉음과 같은 존재라고 한다.

몬스터 정보

희소성	★★★	크기	초거대	생김새	노인의 얼굴, 뱀의 몸통
특징	눈을 뜨면 낮이 되고 눈을 감으면 밤이 된다.			활동장소	산
				나라·지역	중국

켈피

사람을 속여 물속으로 끌고 들어가는 말 몬스터

켈피는 영국 스코틀랜드 지방의 물가에 사는 몬스터이다. 보통의 말과 비슷한 크기로 물고기의 꼬리가 달려 있으며 갈기에는 수초가 자란다. 아름다운 여성의 모습으로 나타나 사람을 홀리기도 한다.
겁이 많은 성격이지만, 사나운 면도 있어서 날뛰기 시작하면 손을 쓸 수 없을 정도이다. 켈피라는 이름의 유래는 스코틀랜드의 게르어로 '암소'를 뜻한다. 물에 빠져 죽은 인간의 살을 먹지만, 내장은 먹지 않고 물가에 버린다고 한다.

몬스터 정보

희소성	★ ☆ ☆
크기	말 정도
생김새	말의 몸통, 물고기 꼬리
특징	인간을 물속으로 끌어당긴다.
활동 장소	물가
나라·지역	스코틀랜드

몬스터 박사의 호기심 사전

켈피는 지극히 평범한 말의 모습으로 인간의 앞에 나타난다. 걷다 지친 인간을 기다렸다가 인간이 자기 등에 올라타면 엄청난 속도로 물속으로 뛰어든 뒤 인간을 물에 빠뜨려 익사시킨다고 한다.

그린맨

숲에 동화된 나무의 정령

숲을 지키는 정령으로 숲을 파괴하는 인간에게 벌을 준다. 보통 나무와 비슷한 모습으로, 얼굴이 잎사귀로 뒤덮여 있을 때도 있다. '잭 그린', '잭 인 더 그린'이라는 이름으로 불리기도 한다. 숲속에 섞여 있어서 거의 발견되지 않은 채 숲을 지키고 있다.

숲을 파괴하는 인간을 발견하면 큰 나무가 부러지는 소리나 나뭇잎이 바스락거리는 소리를 내어 숲에서 쫓아낸다.

영국에서는 그린맨의 얼굴을 모티브로 한 스테인드글라스가 만들어졌다. 축제도 열리는데, 그린맨 분장을 한 사람이 춤을 추다가 마지막에는 살해되는 척 연기를 한다. 이렇게 하면 봄을 부를 수 있다고 한다.

몬스터 정보

- **희소성**: ★
- **크기**: 인간 정도
- **생김새**: 나무를 닮은 모습
- **특징**: 숲을 망가뜨리는 인간을 혼내 준다.
- **활동 장소**: 숲
- **나라·지역**: 영국

베니크

목욕탕에 나타나는 난폭한 몬스터

러시아의 목욕탕에 나타난다는 몬스터 베니크는 수염이 난 깡마른 할아버지의 모습이라고 한다. 하지만 대부분은 목욕탕의 수증기에 가려 모습을 확인하기 어렵다.
인간에게 뜨거운 물을 뿌려 화상을 입히거나 목욕탕 문을 두드리는 등의 장난을 반복한다. 숲에 사는 악마와 정령을 자신이 있는 목욕탕으로 불러들이기도 한다. 미래를 보는 능력이 있어서 인생 상담을 해 주기도 한다. 이 몬스터에게 당하지 않으려면 매일 밤 물통에 물을 받아 목욕탕에 두면 된다. 일본에도 목욕탕에 나타나는 몬스터인 '아카나메'가 있는데 이 아카나메는 어린아이의 모습으로 때를 핥을 뿐, 다른 장난은 치지 않는다고 한다.

몬스터 정보

희소성	★	크기	인간 성인 정도	생김새	수증기에 가려 모습을 알아볼 수 없다.
특징	목욕탕에서 인간을 골탕 먹인다.			활동 장소	목욕탕	나라·지역	러시아

오크

난폭하고 사악한 지하 몬스터

오크는 흉측한 얼굴에 배가 불룩 튀어나온 기괴한 모습의 몬스터이다. 무리와 함께 지하에서 살며 대부분의 오크는 난폭하고 머리가 나쁘다. 원래는 로마 신화에 등장하는 죽음을 관장하는 신 '오르쿠스'였지만, 시간이 흐르며 지금과 같은 몬스터가 된 것으로 보인다.

인간이나 다른 종족을 마주치면 다짜고짜 공격할 정도로 위험한 존재이다. 게다가 번식력이 강해 쉴 새 없이 자식을 낳아 순식간에 수를 불린다. 인간을 죽이려고 무기를 만들지만, 머리가 나빠서 제대로 된 무기를 만들지는 못한다. 단지 뾰족하거나 단단한 것만 만들어 낼 뿐이다. 하지만 힘이 센 오크는 그런 무기만으로도 충분히 상대와 싸울 수 있다고 한다.

몬스터 정보

- **희소성**: ★☆☆☆☆
- **크기**: 인간 정도
- **생김새**: 흉측한 얼굴에 배가 튀어나왔다.
- **특징**: 난폭하고 머리가 나쁘며 힘이 세다.
- **활동 장소**: 지하 **나라·지역**: 전 세계

몬스터 박사의 호기심 사전

오크와 관련된 무시무시한 전설이 내려오고 있다. 어떤 마왕이 엘프(→P88)를 잡아 오랫동안 고문하자 엘프의 정신이 쇠약해지고 그 아름다운 모습마저 흉측하게 변하여 오크가 되었다고 한다.

잭 프로스트

영국에서 인기 만점인 무서운 눈의 요정

잭 프로스트는 영국 민화에 등장하는 눈과 얼음으로 이루어진 몬스터이다. 귀여운 눈사람이나 난쟁이, 백발의 지저분한 노인, 잘생긴 젊은이 등 여러 가지 모습으로 묘사된다. 때로는 말을 타고 숲속을 누비는 모습일 때도 있다. 장난꾸러기 잭 프로스트가 닿은 곳에는 서리가 생긴다. 영국인들은 잭 프로스트를 서리의 요정으로 여기며 사랑한다. 또한 영국인들은 종종 영국의 혹독하게 추운 겨울을 빗대어 "이번 겨울에는 잭 프로스트의 장난이 너무 심한 것 같다"라고 표현한다.

평소에는 온화한 성격이지만, 화가 나면 인간을 얼어 죽게 할 만큼 잔인한 성격도 지녔다. 한겨울에는 웃으며 냉기를 내뿜지만, 봄이 되면 서리나 마른 나뭇잎에 흔적만 남기고 녹아 버린다.

몬스터 정보

 ★	어린아이 정도
난쟁이, 백발노인, 눈사람	
냉기를 내뿜는다. 인간을 꽁꽁 얼려 버린다.	 눈 쌓인 들판  영국

몬스터 박사의 호기심 사전

일본에는 눈의 요정이 많다. 여성의 모습을 한 '유키온나', '유키조로'가 있고, 남성의 모습을 한 '유키지지', '유키뉴도'가 있다. 아이의 모습을 한 '유킨코'와 인간을 밧줄로 묶어 버리는 '싯켄켄'도 있다.

몬스터 정보

희소성 ★
크기 3m 정도
생김새 긴 수염, 동물처럼 털로 뒤덮인 모습
특징 나쁜 인간에게 벌을 준다.
활동장소 숲
나라·지역 러시아

레시

나쁜 인간을 퇴치하는 숲의 파수꾼

레시는 숲의 수호신인 동시에 파수꾼이다. 거대한 몸에 긴 수염이 나 있고 동물처럼 온몸이 털로 뒤덮여 있다. 빨간 모자와 빨간 옷을 몸에 걸치고 있을 때도 있다.

숲의 식물과 동물을 지키는 수호자라 나쁜 짓을 하는 인간이 숲에 들어오면 혼쭐을 내준다. 담배를 좋아하여 인간이 담배를 선물하면 무척 좋아한다. 레시가 가장 좋아하는 장난은 인간의 동료인 척하며 길을 헷갈리게 하여 숲을 헤매게 하는 것이지만, 수상한 생김새 탓에 금세 들통나고 만다.

마음이 약한 몬스터 레시에게도 무서운 점이 있는데, 인간의 잔치에 섞여 들어가 술에 취해 난동을 부리는 것이다. 레시가 취해서 춤을 추기 시작하면 마을 전체가 황폐해지고 만다.

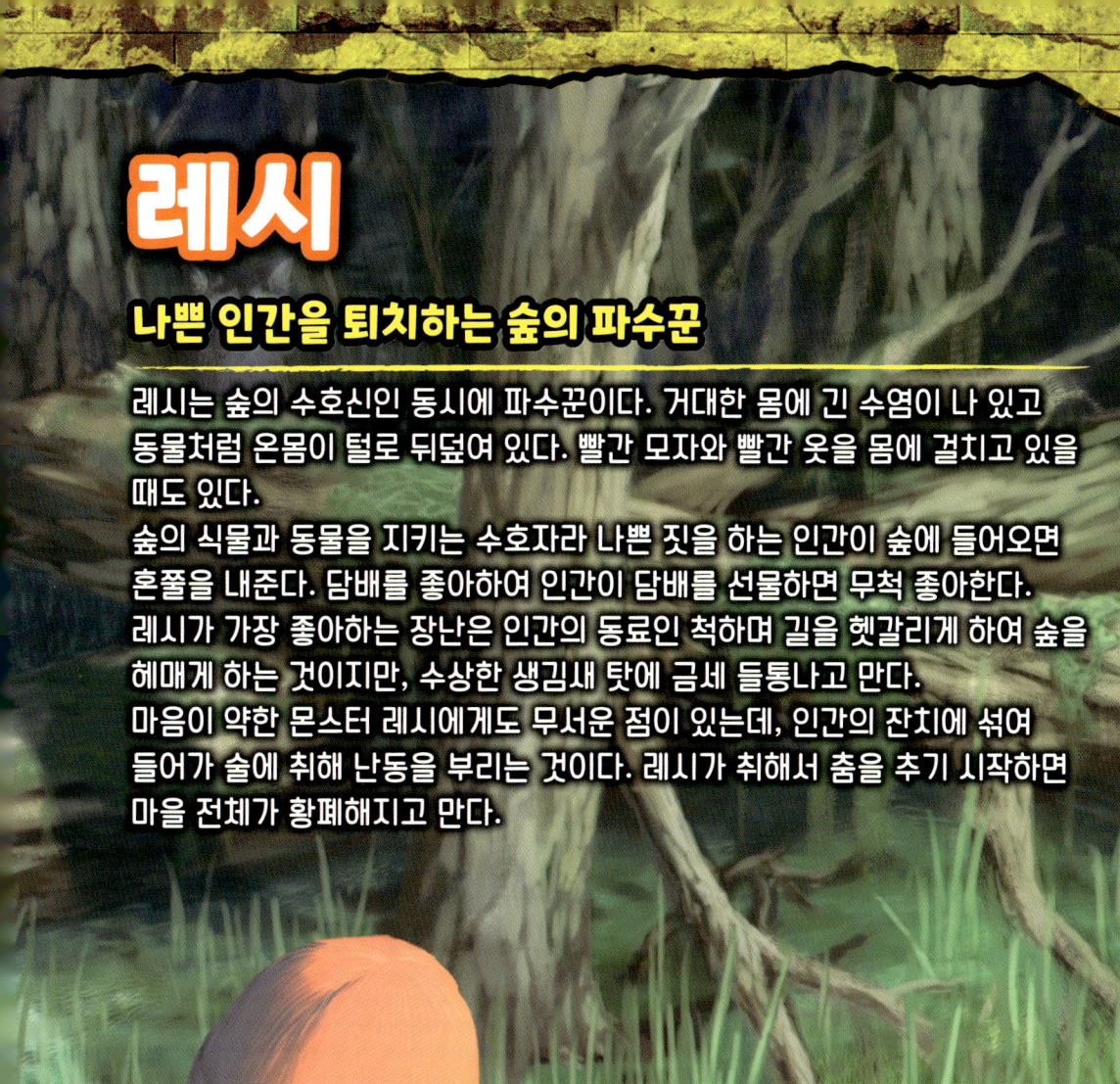

몬스터 박사의 호기심 사전

러시아에서는 요정들이 원래 천국에서 살았는데, 천국에서 난동을 부리는 바람에 땅으로 떨어진 것이라고 믿는다. 숲의 파수꾼인 레시도 어쩌면 난동을 부리다 땅으로 떨어졌는지도 모를 일이다.

히드라

헤라클레스와 싸운 그리스 신화의 몬스터

히드라는 파충류와 비슷한 거대 몸통에 머리가 여러 개 달린 몬스터이다. 머리가 9개이거나 5개 또는 100개라는 등 다양한 설이 있지만, 보통은 머리가 여러 개 달린 뱀이라고 한다. 앞다리와 뒷다리가 있고 날개가 달린 히드라도 있다. 재앙의 신인 티폰(→P230)과 반인반수인 에키드나(→P190)의 자식이다.

낮에는 늪에 숨어 있다가 밤이 되면 인간을 공격해 잡아먹는다. 히드라의 특징은 입에서 내뿜는 맹독과 상상을 초월하는 재생 능력이다. 히드라를 퇴치하려고 머리를 자르면 금세 새로운 머리가 나온다. 더구나 수많은 머리 중 하나는 불사신이어서 퇴치하기 무척 어려운 몬스터이다.

하지만 그런 히드라도 영웅 헤라클레스를 당해내지는 못했다. 영리한 헤라클레스는 독을 들이마시지 않도록 자기 입을 틀어막고 싸움에 나섰다. 또한 베어낸 히드라의 머리 단면을 완전히 태워 머리가 새로 나오지 못하게 했다. 마지막 남은 불사신 머리도 커다란 바위로 으스러트려 재생할 수 없게 만들어 퇴치했다.

몬스터 정보

| 희소성 | ★★ | 크기 | 수십 m ~ 수백 m | 생김새 | 파충류와 비슷한 거대 몸통, 아홉 개의 머리 |
| 특징 | 입에서 내뿜는 맹독과 뛰어난 재생 능력 | | | 활동 장소 | 늪 | 나라·지역 | 그리스 |

몬스터 박사 호기심 사전

히드라

히드라와 닮은 생물, 히드라

머리가 여러 개 달린 히드라와 비슷한 생물이 존재한다. 이름도 히드라로 같다. 가늘고 긴 몸통에 촉수가 여러 개 달린 아주 작은 생물이다. 히드라와 똑같이 늪이나 연못의 수초 등 물가에 산다. 먹잇감을 잡으면 6~8개의 기다란 촉수에 있는 독으로 먹잇감을 움직이지 못하게 만든 뒤 잡아먹는다.

재생 능력도 뛰어나다. 목을 잘라내도 금세 목이 생기는 히드라처럼 생물 히드라 역시 몸이 잘려도 바로 재생한다. 이처럼 비슷한 부분이 많아서 이름도 히드라와 같은 것이다.

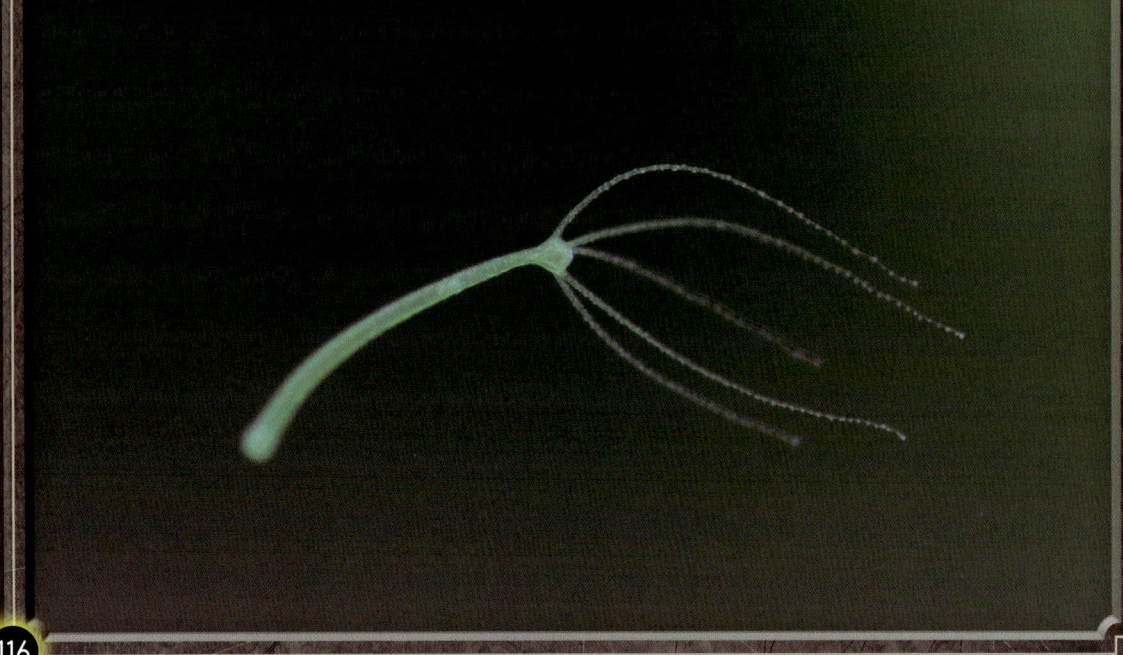

독이 있는 촉수를 펼치고 떠다니는 히드라

헤라클레스의 목숨을 빼앗은 히드라의 맹독

히드라는 헤라클레스와의 결투에서 패해 목숨을 잃었다. 하지만 그 독은 그대로 남아 있었다. 헤라클레스는 히드라의 독을 화살 끝에 묻혀 사용하여 여러 전투를 승리로 이끌었다. 그러나 자기 자신도 히드라의 독에 목숨을 잃고 만다. 부인에게 속아 히드라의 독이 묻은 옷을 입게 된 헤라클레스는 독에 중독되어 고통스러워하다가 참지 못하고 스스로 몸에 불을 붙여 목숨을 끊고 말았다.

수많은 인간을 살해한 히드라가 헤라클레스와 싸우는 모습

바다뱀자리가 된 히드라

헤라클레스와 싸워 패배한 히드라는 그리스 신화의 여신인 헤라에 의해 별자리인 바다뱀자리가 되었다. 히드라는 5개에서 100개의 목을 가졌지만, 바다뱀자리의 목은 1개뿐이다. 바다뱀자리 근처에는 게자리가 있는데, 히드라가 헤라클레스와 싸울 때 히드라를 돕다 죽은 게로 함께 별자리가 되었다. 일본에서는 일 년 내내 관측할 수 있다고 하며, 우리나라에서는 봄철 밤하늘에서 볼 수 있다.

고블린
사악한 장난을 치는 교활한 몬스터

고블린은 유럽의 민화나 판타지 작품에 자주 등장하는 나쁜 몬스터이다. 험상궂은 생김새에 몸에 털이 없으며 몸통은 녹색으로 묘사될 때가 많다. 크기는 30cm 정도부터 어린아이의 크기까지 다양하다.
영국 전역과 유럽 북부, 미국에 걸쳐 넓은 지역에서 모습을 드러내며 광산이나 동굴 안에 산다.
기본적으로 성격이 사악해서 인간에게 악의를 갖고 접근해 올 때가 많다.
욕심이 많아 금이나 보석을 손에 넣을 수 있다면 인간을 공격하는 등 수단과 방법을 가리지 않는다. 그러니 고블린에게 목숨을 잃지 않도록 조심해야 한다.

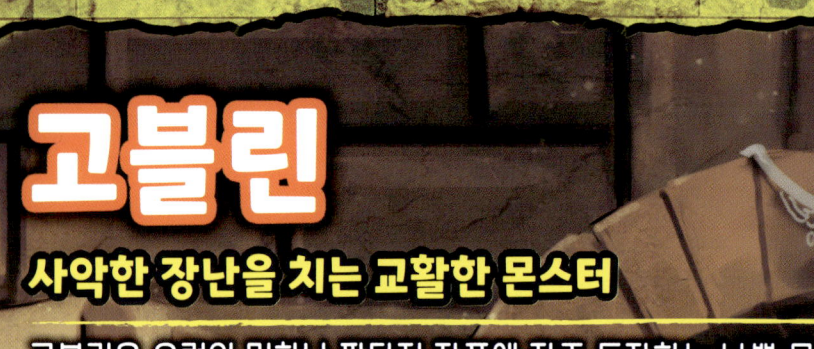

독일의 장난꾸러기 요정인 코볼트(→P122)가 고블린과 비슷하다고 하며, 놈(→P134)과 드워프(→P156)의 특징도 고블린과 비슷하다.

몬스터 정보

희소성	★
크기	30cm ~ 어린아이 정도
생김새	험상궂은 얼굴에 작은 체격
특징	돈을 위해서라면 무엇이든 한다.
활동 장소	광산, 동굴
나라·지역	세계 곳곳

몬스터 박사의 호기심 사전

고블린 중에는 마음씨가 착한 '홉고블린'이라는 종류도 있다. 고블린처럼 장난을 좋아하지만, 인간이 놀라는 모습을 즐길 뿐, 위험하지는 않다. 오히려 친절하게 대하면 보답한다는 전설도 있다.

몬스터 박사의
호기심 사전

아일랜드와 스코틀랜드의 오래된 집에는 밴시가 살고 있는데, 멀리 떨어져 사는 가족 곁에 나타나 울음소리로 가족의 죽음을 알려 준다고 한다.

밴시

울음소리로 가족의 죽음을 알리는 요정

밴시는 아일랜드, 스코틀랜드에 전해 내려오는 여성 모습의 요정이다. 긴 흑발에 녹색 옷을 입고 회색 망토를 몸에 걸치고 있다.

모습을 드러냈을 때는 항상 울고 있다. 밴시를 목격하면 얼마 뒤 목격한 사람의 가족이 죽는다고 알려져 있다. 즉, 밴시는 가족에게 죽음을 알리는 요정인 셈이다.

밴시의 울음소리는 크고 구슬퍼서 귓가에 맴돌며, 아무리 깊이 잠든 인간이라도 벌떡 일으킬 만큼의 힘을 지녔다.

아일랜드나 스코틀랜드에 오래전부터 살았던 켈트족과 게일의 혈통인 인간이 죽었을 때만 모습을 드러낸다. 특히 밴시 여럿의 울음소리가 들리면 장수나 성인 등 존경받는 인물이 세상을 떠날 징조라고 한다.

몬스터 정보

희소성	★	크기	인간 성인 정도	생김새	긴 흑발, 회색 망토, 녹색 옷
특징	커다란 울음소리로 가족의 죽음을 알린다.		활동장소	집 근처	나라·지역	아일랜드, 스코틀랜드

코볼트

광산에서 광물을 캐는 장난기 많은 몬스터

코볼트는 독일에서 전해 내려오는 동굴이나 광산의 갱도에 사는 몬스터이다. '코볼드'라고도 부른다. 몸길이는 1m 정도로 매우 작고 얼굴은 자칼(아프리카에 서식하는 여우와 비슷한 생물)과 비슷하다. 인간처럼 두 다리로 걸으며 붉은 모자에 녹색 옷을 입고 있다. 예지 능력이 있어서 가까운 인간에게 위험을 알려줄 때도 있다.

장난치기 좋아해 인간을 난처하게 만들기도 하지만, 자신에게 친절한 인간을

따르거나 도움을 주는 코볼트도 있다. 장난을 치는 것 또한 인간에게 악의가 있어서가 아니라 순수하게 장난을 즐기는 것일 뿐이라고 한다.

몬스터 정보

- **희소성**: ★
- **크기**: 어린아이 정도
- **생김새**: 인간처럼 두 발로 걸으며 얼굴은 여우와 비슷하다.
- **특징**: 어느 정도 예지 능력이 있어서 가까운 인간에게 위험을 알린다.
- **활동장소**: 동굴, 광산
- **나라·지역**: 독일

임프

마녀의 부하인 작은 악마

임프는 온몸이 새카맣고 배가 불룩 튀어나왔다. 갈고리 모양의 긴 꼬리에 붉게 충혈된 눈, 뾰족한 귀를 가졌다. 몸길이는 10cm 전후이며 아무리 커도 인간 어린아이 정도의 크기이다. 머리숱이 적고 뿔이 있거나 박쥐처럼 날개가 달린 임프도 있다. 마녀(→P206)의 집을 수색하면 여러 마리의 임프가 나올 때가 많다.

원래 장난을 좋아하는 요정이었는데, 마녀의 부하가 되어 인간이 갖은 보석을 훔치거나 스파이 활동을 했었기에 16세기 무렵부터 학자들이 악마로 분류했다.

임프에게 먹이를 주며 길들이려는 인간도 있지만, 임프는 거짓말로 여행자를 헤매게 만드는 등 지나친 장난을 일삼는다. 영국의 링컨 대성당에서 사납게 날뛰던 임프가 천사에게 벌을 받아 돌이 되었다는 전설도 있다.

몬스터 정보

희소성	★
크기	약 10cm
생김새	새카맣고 배가 나왔으며 기다란 꼬리, 충혈된 눈, 뾰족한 귀
특징	도둑질이나 스파이 활동을 하며 인간을 골탕 먹인다.
활동 장소	어디든 나타난다.
나라·지역	유럽

몬스터 박사의
호기심 사전

영국의 옛이야기에 '톰 팃 톳'이라는 임프가 나온다. 이 임프는 한 소녀의 일을 도와주는 대신, 자기 이름을 맞히라는 조건을 걸었다. 하지만 임프가 '내 이름은 톰 팃 톳'이라는 노래를 부르는 바람에 이름이 들통났다고 한다.

픽시

춤추기 좋아하는 마음씨 착한 몬스터

픽시는 빛이 나는 눈동자, 붉은 머리카락, 창백한 얼굴에 길쭉한 코, 뾰족한 귀, 초록색 나이트캡을 쓴 모습이지만, 인간과 완전히 똑같은 모습일 때도 있다.

성격은 온화하고 말을 좋아하여 말 타는 것을 가장 즐거워한다. 말에 탈 때는 말의 갈기에 자기 머리카락을 묶는다고 한다. 소에 장난을 쳐서 우유가 나오지 못하게 만들기도 한다.

숲에서 춤추는 것을 좋아해 춤추는 픽시와 만난 인간은 아침까지 춤을 추다 몇 년이 지나버리는 일도 있다고 한다. 상의를 뒤집어 입으면 픽시와 춤추지 않고 지나칠 수 있다. 소뼈로 시소를 만들어 타고 노는 것을 즐긴다.

영국 남서부에 전해 내려오는 몬스터 픽시는 죽은 어린아이의 영혼이라거나 켈트 신화의 신과 같은 존재라는 등 여러 설이 있다.

몬스터 박사의 호기심 사전

픽시의 녹색 모자처럼 녹색과 관련된 몬스터는 많다. 미국에 나타나는 도마뱀 인간은 녹색 몸통을 갖고 있고 영국 동부의 울핏 마을에는 동굴 깊숙한 곳에 있던 지하 세계에서 녹색 아이들이 나왔다는 전설이 있다.

몬스터 정보

희소성	★	크기	어린아이 정도	생김새	녹색 모자, 붉은 머리카락, 창백한 얼굴, 긴 코, 뾰족한 귀
특징	인간을 아침까지 춤추게 만든다.	활동 장소	숲속, 집안	나라·지역	영국

맨드레이크

목소리를 들으면 목숨을 잃는, 세계에서 가장 위험한 식물

맨드레이크는 식물 몬스터로, 뿌리가 여러 갈래로 갈라져 있다. 인간과 비슷하게 생긴 종류도 있으며 문헌에 따르면 남성 맨드레이크와 여성 맨드레이크로 나뉜다고도 한다. 완전히 성장한 맨드레이크는 스스로 땅 밖으로 나와 걸어 다닌다.

기본적으로 깊은 숲속 햇빛이 닿지 않는 곳에서 자란다. 맨드레이크를 땅에서 뽑으면 날카로운 비명을 지르는데, 그 소리를 들은 인간은 정신이 이상해져 죽음에 이른다고 한다. 또한 뽑아내려고 줄기를 잡는 순간, 맨드레이크의 독이 퍼져 목숨을 잃는다는 이야기도 있다. 이런 이유로 맨드레이크를 손에 넣기는 매우 어렵다.

유럽의 민화에 자주 등장하며 마법사뿐 아니라 일반 시민에게도 잘 알려져 있다. 매우 강력한 마력을 지닌 식물로, 불로불사약의 재료이다. 하지만 먹은 인간은 환상을 보거나 환청을 듣기 때문에 취급하기 어려운 약재이다.

몬스터 정보

희소성	★
크기	약 30cm
생김새	인간의 형태로 뿌리가 달린 식물
특징	약재로 사용하며 비명으로 인간을 죽인다.
활동장소	숲
나라·지역	유럽

몬스터 박사 호기심 사전

맨드레이크

실제로 존재하는 맨드레이크

맨드레이크는 실제로 존재하는 식물이기도 하다. 식물 맨드레이크는 가지의 일종으로 흙 속에서 얽히고설킨 복잡한 구조로 뿌리를 내리며 자란다. 그 뿌리의 모양이 인간과 비슷할 때도 있다. 옛날에는 약재로 사용되었지만, 독이 있어서 먹으면 환상이나 환청을 일으켜 목숨을 잃기도 한다. 그래서 지금은 사용하지 않는다.
뿌리가 복잡한 모양으로 자라기 때문에 매우 강한 힘으로 뽑아야 한다. 맨드레이크를 뽑을 때 섬뜩한 소리가 나는데, 이 소리가 비명처럼 들려 맨드레이크의 전설이 생겨난 것일지 모른다.
독성이 있고 비명을 지르는 등 무서운 이미지를 갖고 있지만 알고 보면 작고 귀여운 보라색 꽃이 핀다.

예쁜 꽃이 핀 야생 맨드레이크

맨드레이크를 손에 넣으려면?

옛날에는 마법사들이 마법에 사용하려고 맨드레이크를 길렀다. 하지만 맨드레이크를 뽑는 일은 매우 위험했다. 그래서 생각해 낸 방법이 개를 이용하는 것이었다. 맨드레이크와 개를 줄로 묶은 뒤 멀리 떨어진 곳에서 개를 부른다. 그러면 개가 주인의 부름을 받고 달려오면서 줄이 당겨져 맨드레이크가 뽑혔다. 개는 결국 죽지만, 맨드레이크를 손에 넣을 수 있었다.

개를 이용해 맨드레이크를 뽑으려 하고 있다.

맨드레이크의 친척, 독일의 알라우너

독일에도 맨드레이크의 일종인 '알라우너'라는 몬스터가 존재한다. 알라우너도 맨드레이크처럼 인간의 모습으로 뿌리가 자랄 때가 많다. 알라우너를 손에 넣으면 인간처럼 목욕시키거나 옷을 입힌다. 그러면 알라우너는 주인에게 미래를 알려주어 부자로 만들어 준다. 하지만 주인의 요구가 많아질수록 마력이 약해진 알라우너는 죽을 수도 있다고 한다.

몬스터 박사의
호기심 사전

셰익스피어의 《템페스트》라는 희곡에 '에어리얼'이란 이름의 실프가 등장한다. 템페스트란 '폭풍'이라는 뜻이며 에어리얼은 마법사의 부하가 되어 바람과 공기를 조종하여 인간을 공격했다고 한다.

실프

공기 중에 숨어 있는 아름다운 몬스터

실프는 '실피드'라고도 불리며 4대 정령(→P141) 가운데 바람을 다스리는 정령이다. 바람의 정령인 만큼 그 모습도 바람처럼 투명해 만질 수 없다. 하지만 그림이나 이야기에서는 화려하게 떠다니는 아름다운 여인의 모습으로 묘사되고는 한다.
바람과 공기를 자유롭게 조종하며 날개를 펄럭여 거대한 구름을 만들 수도 있다. 하지만 성격이 상냥하고 온화해 인간에게 나쁜 짓을 하지 않는다. 거만하고 제멋대로인 여성이 죽어서 천국에 가지 못하고 세상을 떠도는 암흑의 안개가 되어 살아가다가 실프가 된다는 이야기도 있다.
또한 작은 정령을 실프라고 부르거나 바람과 공기에 관한 요정을 통틀어 실프라고 부르기도 한다. 실프는 인간과 사랑에 빠지기도 한다.

몬스터 정보

| 희소성 | ★ | 크기 | 인간 정도 | 생김새 | 바람처럼 투명해 눈에 보이지 않는다. |
| 특징 | 바람이나 공기를 조종한다. | | | 활동장소 | 공기 중 | 나라·지역 | 유럽 |

놈

땅속에서 나타나는 땅의 정령

놈은 유럽에서 전해지는 정령으로 땅 위와 땅 아래 세상을 다스리는 4대 정령(→P141) 중 하나이다. 모자를 쓴 작은 노인의 모습일 때가 많지만, 중년이나 젊은이의 모습으로 나타날 때도 있다.
보통은 땅속에서 생활하지만 땅 위에서도 자유롭게 이동한다. 땅속 깊은 곳에 숨어 보석을 지킨다는 설도 있다. 가끔 땅 위로 올라와 인간을 놀라게 하기도 한다. 매우 영리하며 손기술이 뛰어나 공예품을 만들기도 한다. 특히 철을 이용한 도구를 잘 만든다.

2014년 7월 2일, 미국의 펜실베이니아주의 숲에서 놈으로 보이는 존재가 촬영되었다. 카메라맨이 오두막집 근처에 설치해 둔 카메라에 뾰족한 모자를 쓰고 붉은 얼굴에 다리가 가느다랗고 몸길이 1m 정도의 수상쩍은 난쟁이가 찍혀 있었다.

몬스터 정보

- **희소성** ★☆☆
- **크기** 30cm~1m
- **생김새** 모자를 쓴 작은 노인
- **특징** 머리가 좋으며 손재주가 뛰어나 유용한 도구를 만든다.
- **활동장소** 땅속
- **나라·지역** 유럽

몬스터 박사의 호기심 사전

2008년, 아르헨티나에서도 놈의 영상이 촬영되어 전 세계를 놀라게 했다. 휴대전화로 촬영된 이 영상에는 밤에 놀러 나온 소년들 앞에 모자를 쓴 놈처럼 보이는 작은 생물이 아장아장 걸어오는 모습이 찍혔다.

웬디고

인간을 공격해 잡아먹는 잔인한 몬스터

웬디고는 해골처럼 생긴 얼굴에 키는 5m가 넘고 몸통은 창백하다. 눈보라나 태풍이 몰아쳐도 빠르게 움직일 수 있고 상상을 초월하는 괴력을 지녔다고 한다. 웬디고가 이동하는 모습은 마치 새가 나는 모습처럼 보인다. 인간을 잡아먹기 좋아해서 여행자나 혼자 사는 마을 주민을 납치한다.

미국 원주민 사이에서 전해 내려오는 몬스터인 웬디고는 얼음의 정령이라고도 한다. 또한 오랜 식량 부족으로 배고픔을 참지 못한 인간이 다른 인간을 잡아먹은 뒤 웬디고에게 홀려 인간을 공격한다는 이야기도 있다. 웬디고에게 홀리면 인간의 고기밖에 먹지 못하며 결국 정신 이상으로 죽음에 이르고 만다.

몬스터 박사의 호기심 사전

웬디고에 홀리는 증상을 '웬디고 정신증'이라고 한다. 이는 지금도 원인을 알아내지 못한 질병이다. 이 증세를 보이는 인간은 평범한 음식을 먹지 못하고 인간의 고기만을 찾다 점점 정신이 이상해져 버리고 만다.

몬스터 정보

희소성	★	크기	5m 이상	생김새	해골 같은 얼굴에 창백한 몸통
특징	빠르게 움직이며 괴력으로 인간을 잡아먹는다.			활동장소	야외	나라·지역	캐나다, 미국

샐러맨더

불 속에서 타지 않는 도마뱀

샐러맨더는 4대 정령(→P141) 중 하나로 불을 다스린다. 불 속에서 도마뱀이나 뱀의 모습을 하고 있지만, 곤충처럼 생겼다고도 한다. 곤충 모습의 샐러맨더는 누에처럼 고치를 만들며, 이 고치로 불을 막아낼 수 있다고 한다. 낮에는 험한 산속에 살지만, 불에서도 자유롭게 움직일 수 있어서 불 속에서 살기도 한다. 샐러맨더의 피부는 거센 불꽃도 튕겨내며 불을 삼켜 먹어 버린다는 정보도 있다. 이러한 이유로 전 세계의 왕과 귀족들은 샐러맨더의 가죽을 손에 넣고 싶어 했다.
13세기의 탐험가 마르코 폴로의 《동방견문록》에도 진귀한 물품이라

기록되어 있다. 불을 붙여도 타지 않는 석면 천을 샐러맨더의 고치 실로 짰다고 속여 팔았던 일도 있다. 이처럼 가짜 샐러맨더의 가죽 사기 사건은 여기저기에서 발생했다.
또한 사랑의 불꽃으로 애태우던 여성이 죽은 뒤에 샐러맨더가 된다는 이야기도 있다.

몬스터 정보

- **희소성**: ★☆☆
- **크기**: 도마뱀 정도
- **생김새**: 도마뱀과 비슷하며 불 속에 있다.
- **특징**: 몸통이 불에 타지 않으며 불을 삼킨다.
- **활동장소**: 산
- **나라·지역**: 전 세계

몬스터 박사 호기심 사전

샐러맨더

샐러맨더라 불리는 생물

샐러맨더는 생김새와 크기가 도롱뇽과 닮은 몬스터이다. 그런데 실제로 15종 이상의 도롱뇽이 '샐러맨더'라는 이름으로 불린다.

그중에서도 '파이어 샐러맨더'라 불리는 도롱뇽은 몸이 차갑고 습해서 불 속에서 타지 않고 도망칠 수 있다. 이 때문에 사람들이 파이어 샐러맨더를 몬스터 샐러맨더라 믿었다고 한다.
또한 '레드 샐러맨더'처럼 불꽃이 타오르는 색을 띠고 있는 도롱뇽도 있다.
도롱뇽 중에는 아직 발견되지 않은 종류가 많아서 언젠가 몬스터 샐러맨더가 발견될 날이 올지도 모른다.

위: '파이어 샐러맨더'라는 이름의 도롱뇽

아래: '레드 샐러맨더'라는 이름의 도롱뇽

자연을 다스리는 4대 정령

4대 정령은 불, 물, 바람, 땅의 네 가지 자연의 힘을 다스리는 정령으로, 각각의 에너지를 조종할 수 있다고 한다.

운디네 (➡ P144)
물을 다스리는 정령. 인간 여성의 모습으로, 물을 자유자재로 조종한다.

놈 (➡ P134)
땅을 다스리는 정령. 땅속을 자유롭게 돌아다니며 보석 등을 지킨다.

샐러맨더 (➡ P138)
불을 다스리는 정령. 도마뱀과 닮은 모습으로, 불 속에 살고 불을 먹는다.

실프 (➡ P132)
바람을 다스리는 정령. 상냥한 성격이며 바람을 조종한다.

화서

절대 타지 않는 신비한 털을 가진 쥐

중국과 일본에서 전해지는 요괴로 '화광수'라고도 불리며 불 속에서도 멀쩡한 생물이라고 한다. 몸무게가 약 250kg이나 되며 단단하고 길쭉한 털이 온몸을 뒤덮고 있다. 화서의 털로는 불에 타지 않는 천인 '화완포'를 만든다고 한다. 화서는 불 속에서 몸통이 붉게 빛나며 불 밖으로 나오면 하얗게 변한다. 이때 물을 뿌리면 죽어 버린다고 한다. 예로부터 샐러맨더(→P138)와 연관된 존재일 것이라는 이야기가 있다. 중국 서부의 산에 산다는 설과 남쪽 끝 화산의 '불진목'이라는 타지 않는 나무에 산다는 설이 있다.

몬스터 정보

- **희소성**:
- **크기**: 소 정도
- **생김새**: 약 250kg의 거대한 쥐로 털이 길다.
- **특징**: 타지 않는 모피
- **활동 장소**: 불 속
- **나라·지역**: 중국

달걀귀신

학교에 나타나는 달걀 몬스터

'달걀귀신'은 우리나라 학교 괴담에 등장하는 대표적인 몬스터이다. '달걀 도깨비'라고도 부른다. 달걀처럼 생긴 몸통에 가느다란 팔다리가 달렸으며 거꾸로 서서 머리로 바닥을 콩콩 찧으며 돌아다닌다. 화장실 문 아래 틈새로 안을 훔쳐보기도 한다.
한 중학교 괴담에 따르면, 어느 여학생이 학교 화장실 중 가장 안쪽 칸에 들어가 있었는데 앞쪽 칸부터 문을 두드리는 소리가 들리더니 여학생이 있는 칸 앞에서 '앗, 여기 있다!' 하는 소리와 함께 달걀귀신이 문 아래로 안을 들여다보고 있었다고 한다.

몬스터 정보

- **희소성** ★☆☆
- **크기** 인간 정도
- **생김새** 달걀처럼 생긴 몸통에 가느다란 팔다리가 달렸다.
- **특징** 화장실 문 아래쪽 틈새로 안을 들여다본다.
- **활동 장소** 학교 화장실 **나라·지역** 한국

운디네

물에서 탄생한 아름다운 몬스터

운디네는 4대 정령(→P141) 중 하나이며 물을 다스린다. 인간을 쏙 빼닮은 외모 때문에 인간과 구분하기 어렵다. 남녀 구분은 없지만 아름다운 여성의 모습으로 묘사되는 경우가 많다.

숲의 연못이나 폭포에서 살며 운디네의 아름다운 노랫소리가 수면으로 울려 퍼지기도 한다. 물의 정령인 만큼 물속을 자유롭게 이동하며 물을 조종한다. 운디네는 원래 영혼이 없지만, 인간과 결혼하면 영혼을 얻을 수 있다고 한다. 하지만 인간과 사랑이 이루어지지 않을 때는 목숨을 잃고 만다.

약점은 험한 말로, 결혼 상대인 남편에게 험한 말을 들으면 몸이 물로 변해 사라지고 만다.

몬스터 박사의 호기심 사전

운디네가 인간인 기사와 결혼했지만, 기사는 다른 여성과 사랑에 빠져 버렸다. 그럼에도 기사를 사랑한 운디네는 조용히 기사의 곁을 떠났다. 그리고 물의 왕에게 자기 기억을 지워 달라고 부탁했다는 슬픈 이야기가 전해진다.

북유럽 신화란 무엇일까?

유럽 북부에 전해 내려오는 전쟁 신화

그리스 신화는 들어본 적이 있어도 북유럽 신화는 무엇인지 모르는 사람이 많을 것이다. 하지만 북유럽 신화는 의외로 우리 일상과 관련이 많다. 예를 들어 일주일 중 화요일부터 금요일까지는 북유럽 신화에 나오는 신의 이름을 따서 지어졌다. 또한 애니메이션이나 게임 등에도 북유럽 신화 속 신과 몬스터가 자주 등장한다. 간단하게 내용을 설명하면 신이 사는 세계와 인간이 사는 세계, 죽은 자가 사는 세계로 나뉜 3개의 세계를 무대로 신과 인간, 몬스터 등이 싸움을 벌이는 이야기이다.

북유럽 신화의 특징은 그 범위가 광대하고 전투가 많다는 점이다. 예를 들어 '위그드라실'이라는 거대한 나무(세계수)는 3개의 세계를 관통해 자라고 있다거나 신과 거인의 격렬한 싸움 끝에 세계가 멸망했다는 이야기도 있다.

북유럽 신화에는 몬스터도 많이 등장한다. 유명한 몬스터로는 이 책에도 등장하는 슬레이프니르(→P48)이다. 북유럽 신화에 등장하는 신 중 가장 위대한 신인 오딘이 타는 말이다. 오딘의 모습은 훗날 산타클로스의 모습에 영향을 주었다는 이야기도 있다. 영화 등의 영향으로 북유럽 신화의 인기가 점점 높아지고 있다. 특히 아이슬란드에서는 2015년 3월부터 북유럽 신화의 신들을 모시기 위한 신전 건축 계획을 발표하기도 했다.

창을 손에 든 오딘이 몬스터의 이야기를 듣고 있다.

린트부름

빛의 속도로 달리는 하늘의 초고속 몬스터

린트부름은 번개나 별똥별처럼 하늘에서 일어나는 자연 현상에서 생겨난 드래곤이다. 묘지나 강 주변에 산다. 날카로운 엄니와 박쥐의 날개, 비늘이 달렸으며 온몸이 털로 덥수룩하다.

하늘을 자유롭게 날아다니고 엄청난 빠르기로 밤하늘을 누비며 마치 별똥별처럼 온몸이 번쩍인다고 한다. 그래서 사람들은 밤하늘에 빛나는 섬광을 보면 린트부름이 날아간다고 생각했다.

유럽에서는 중세부터 근세에 걸쳐 린트부름을 본뜬 문장이 국가와 군대의 깃발로 자주 사용되었다. 그 문장은 강인함, 용맹함, 무자비함을 나타낸다고 한다.

몬스터 정보

- 희소성: ★★
- 크기: 수십 m
- 생김새: 박쥐의 날개, 온몸의 덥수룩한 털
- 특징: 엄청난 속도로 하늘을 누빈다.
- 활동 장소: 묘지, 강변
- 나라·지역: 독일

훔바바

거대하고 용감한 숲의 파수꾼

훔바바는 이라크 레바논의 나무가 빽빽하게 우거진 숲에 사는 몬스터이다. '후와와'라고도 부른다. 몸집이 거대하고 머리에는 들소처럼 커다란 뿔이 솟아 있으며 긴 꼬리 끝에는 뱀의 머리가 달려 있다. 입에서 불과 독 입김을 내뿜으며 크게 소리 지르면 홍수가 일어난다고 한다. 또한 거대한 훔바바가 쓰러지면 숲의 나무가 수십 km에 걸쳐 엄청나게 흔들린다. 훔바바 주변의 4~8km 범위에서 들리는 인간의 발소리나 새의 울음소리 등을 구분할 수 있을 정도로 청력이 뛰어나다.

훔바바는 스스로 악행을 벌일 정도로 비열하지는 않다. 오히려 숲의 생명체를 보호하는 임무를 지키기 위해 태어난 몬스터이다. 동물이나 몬스터 모두가 겁낼 만한 외모여서 중동 국가 사람들은 마귀를 쫓아내기 위해 벽에 훔바바의 얼굴을 본뜬 물건을 걸어놓았다고 한다.

스켈레톤

경쾌하게 춤추는 기괴한 해골

유럽을 중심으로 세계 곳곳의 전설에 등장하는 해골 몬스터이다. 원래는 인간의 뼈였지만, 마치 살아 있는 것처럼 움직인다. 죽은 전사가 변한 스켈레톤은 갑옷을 입고 있다. 경쾌하고 즐거운 듯이 움직여 우스워 보이지만, 쓰러트려도 온몸의 뼈가 되살아나 몇 번이고 달려들어 상대하기 쉽지 않다.

뼈만 남은 망령이 떠돈다는 둥 유령선에 해골 해적들이 타고 있었다는 둥 서양의 전설 속 유령은 예로부터 해골의 모습일 때가 많았다.

스켈레톤을 동료로 삼아 조종할 수도 있다. 퇴치한 드래곤(→P38)의 이빨을 땅에 묻으면 '스파르토이'라는 스켈레톤이 솟아 나와 말하는 대로 모두 들어준다고 한다.

일본에도 스켈레톤과 같은 종류의 몬스터가 있다. 아름다운 목소리로 노래하는 '노래하는 해골'이나 밤에 나타나며 뒷모습이 아름다운 여인인 '해골 여인' 등이 있다. 해골 몬스터는 세계 곳곳에 존재한다.

몬스터 정보

- **희소성** ★
- **크기** 인간의 크기
- **생김새** 인간의 해골
- **특징** 쓰러트려도 몇 번이고 부활해 인간을 공격한다.
- **활동 장소** 무덤
- **나라·지역** 전 세계

몬스터 박사의 호기심 사전

스켈레톤

스켈레톤의 춤, '죽음의 무도'

해골 몬스터인 스켈레톤은 경쾌하고 리드미컬하게 움직이며 춤추기 좋아하는 몬스터로 묘사될 때가 많다. 춤추길 좋아하는 스켈레톤의 이미지는 그림에도 영향을 미쳐 14세기 유럽에서는 '죽음의 무도'라는 그림이 많이 그려졌다. 죽음의 무도는 왕이나 농민 등 다양한 신분의 스켈레톤이 흥겨운 듯이 춤추는 모습을 묘사한 그림이다. 이 그림은 전쟁이나 병으로 수많은 인간이 목숨을 잃었던 그 당시, 누구든 언젠가는 죽는다는 사실을 사람들에게 알리기 위해 그려졌다.

죽음의 무도는 음악으로도 만들어져 많은 사람에게 전파되었다.

죽음의 무도에는 다양한 스켈레톤이 등장한다.

유령선에 나타나는 스켈레톤

15~17세기 유럽에서는 바다를 건너 다른 나라를 오가는 배가 많았다. 다양한 배가 오가던 중에 스켈레톤이 탄 유령선이 목격되는 일도 잦았다고 한다.
해적이 스켈레톤으로 변하면 인간을 공격하기 때문에 매우 위험하다.
오랜 항해 중 병에 걸리면 치료할 방법이 없다. 그래서 선원 한 명이 유행병에 걸리면 배 안의 모든 선원이 전염되어 목숨을 잃는 일도 많았다.
유령선의 스켈레톤은 죽은 선원들이 고향으로 돌아가고 싶은 마음이 남아 떠도는 것일지도 모른다.

스켈레톤이 탄 유령선은 밤바다에서 종종 나타난다고 한다.

인간의 뼈가 아닌 스켈레톤

인간뿐 아니라 개도 스켈레톤이 될 때가 있다.
대부분은 죽은 후에도 주인 곁에 남기를 바라는 개이거나 자신이 죽었다는 사실을 알아채지 못한 개이다.
또한 주인이 스켈레톤이 되는 바람에 개도 스켈레톤으로 변해 계속 함께할 때도 있다.
개가 변한 스켈레톤은 인간을 공격하지 않으며 주인 곁에 머물고 싶어 할 뿐이라고 한다.

드워프

사교성 없는 천재 장인 집단

드워프는 유럽 신화에 자주 등장한다. 생김새는 흉측하며 노인처럼 피부가 푸글푸글하고 키는 인간보다 조금 작다. 서 있을 때 땅에 닿을 만큼 팔이 긴 모습으로 묘사된다.
드워프는 마력을 가진 무기와 근사한 보석을 만들어 내는 고도의 기술을 가졌다고 한다. 평소에는 땅속이나 바위 구멍 등의 어둠침침한 곳에서 생활한다. 여성 드워프는 존재하지 않으며 남성 드워프끼리 모여서 생활한다. 드워프의 자식은 돌로 만들어 내며 성장이 빨라 3세에 어른이 되고 7세에는 노인이 된다.
아주 먼 옛날 유럽에 존재했던 '위미르'라는 거인이 죽은 후에 그 시체에서 태어난 벌레가 드워프로 진화했다는 이야기도 있다.

온스터 정보

희소성	★	크기	인간보다 조금 작다.	생김새	노인처럼 처진 피부, 흉측한 외모
특징	마력이 있는 무기를 만든다.			활동장소	지하, 동굴	나라·지역	유럽 북부

몬스터 박사의 호기심 사전

드워프가 등장하는 유명한 작품 중에는 《그림 동화》에 나오는 〈백설 공주〉가 있다. 성에서 도망친 백설 공주는 일곱 명의 난쟁이가 사는 오두막에 살게 되는데, 이 일곱 명의 난쟁이가 바로 드워프이다.

백택

몬스터에 통달한 신령한 몬스터

백택은 지혜로운 왕이나 황제가 태어났을 때 그 모습을 드러낸다. 인간의 얼굴에 소의 뿔과 염소의 수염이 났으며 얼굴에 3개, 몸통의 좌우에 눈이 3개씩 모두 9개의 눈이 달렸다.

중국 장시성에 있는 산에 백택이 살고 있다는 기록이 있다. 중국의 황제가 장시성의 동해 지방을 여행할 때, 해변에서 백택과 마주쳤다. 백택은 유행병과 재해를 일으키는 1만 1,530종의 몬스터에 관해 자세히 알려줬다고 한다. 그때 백택이 알려준 내용을 적어둔 기록을 《백택도》라고 한다. 병을 부르는 몬스터의 특징이나 약점을 알려준 백택은 마귀를 쫓아내는 상징이 되었다. 이후 일본에도 전해져 에도 시대 일본 가정에서는 악귀를 쫓기 위해 백택의 그림을 걸어두었다고 한다.

몬스터 정보

희소성	★★★	크기	소 정도	생김새	사람의 얼굴, 소의 뿔, 염소의 수염, 온몸에 9개의 눈
특징	몬스터를 자세히 알며 백택의 그림을 부적으로 사용한다.			활동장소	산	나라·지역	중국

몬스터 박사의 호기심 사전

백택과 비슷한 몬스터가 일본에도 존재한다. '구단'이라는 몬스터인데, 소의 몸통에 인간의 얼굴을 하고 있다. 인간의 말을 하고 미래에 일어날 나쁜 일을 예언하기도 한다. 원래 백택과 같은 몬스터였을 것이라는 설도 있다.

스퀑크

눈물과 함께 사라지는 몬스터

스퀑크는 생김새가 흉측하고 네 발로 걸어 다니며 피부는 사마귀와 반점으로 뒤덮여 있다. 미국 펜실베이니아주 북부의 솔송나무 숲에 산다고 한다. 인간이나 다른 생물을 매우 두려워하고 항상 눈물을 흘리며 소리 높여 운다. 극심한 공포를 느끼면 거품이 되어 사라지고 만다. 사라질 때 빛이 번쩍이기도 한다.

왜 이렇게 울고 있는지 알려지지 않았지만, 경험 많은 사냥꾼이라면 스퀑크의 눈물 자국을 따라갈 수 있다. 물론 사냥꾼에게 쫓긴 스퀑크는 극도로 겁에 질려 거품으로 변해 사라질 것이다.

몬스터 정보

희소성 ★	크기 사슴 정도	생김새 사마귀와 점으로 뒤덮인 모습
특징 항상 울고 있다. 심한 공포를 느끼면 거품으로 변해 사라진다.	활동장소 숲	나라·지역 미국

3장

몬스터 박사의 호기심 사전

어떤 사냥꾼이 스큉크의 울음소리를 흉내 내 스큉크를 유인하는 데 성공했다. 스큉크를 포획한 사냥꾼이 자루에 넣어 옮기려 했는데, 갑자기 자루 안에서 빛이 번쩍였다. 안을 들여다보니 스큉크는 사라지고 없었다고 한다.

촌촌

커다란 귀로 날아다니는 흡혈 몬스터

촌촌은 남미에 전해지는 몬스터로 칠레나 아르헨티나에서 생활하는 마푸체족의 전설에 여러 차례 등장한다.
몸통이 없고 얼굴에 바로 꼬리가 달렸으며 거대한 귀를 날개처럼 펄럭인다. 무리 지어 날아다닌다고도 한다.
'추에 추에 추에' 하고 기묘한 울음소리를 내며 밤중에 병에 걸린 사람이나 노인이 사는 집에 찾아간다. 인간의 눈에는 촌촌의 모습이 보이지 않지만, 울음소리는 들려서 그 소리가 들리면 죽음의 징후로 생각해 두려워했다.

몬스터 박사의 호기심 사전

밤이 되면 머리만 떨어져서 날아다니는 몬스터는 세계 곳곳에 존재한다. 일본에 '누케쿠비'라는 몬스터가 있다. 몸통에서 머리만 빠져나와 하늘을 날아다닌다. 인간을 죽일 때 목을 치는 일이 많아 유독 목뿐인 몬스터가 많이 생겨난 것이 아닐지 추측할 뿐이다.

민가에 침입한 촌촌은 인간의 목을 물어 피를 몽땅 빨아먹는다. 피를 빨린 인간은 촌촌으로 변한다.
촌촌을 쓰러뜨리고 나면 근처에서 목이 없는 인간의 시체가 발견되는 일이 많다. 즉, 낮에는 인간으로, 밤이 되면 목만 촌촌이 되어 날아다닐 가능성이 크다.

몬스터 정보

- 희소성: ★☆☆
- 크기: 인간 정도
- 생김새: 머리에 커다란 귀와 꼬리가 달렸다.
- 특징: 인간을 습격해 피를 빨아먹는다. 기묘한 울음소리를 낸다.
- 활동장소: 마을 안  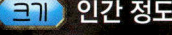 칠레, 아르헨티나

인큐버스

꿈속에서 유혹해 정기를 빨아들이는 악마

기독교에 등장하는 악마 중 하나로 '몽마'라고도 불린다. 여성의 꿈에 나타난다. 붉은 눈, 까무잡잡한 피부의 미남으로 둔갑해 인간을 유혹한 뒤 정기를 빨아먹는다. 때때로 박쥐로 변신해 나타날 때도 있다.
남성의 꿈에 등장하는 몽마는 서큐버스(→P176)라고 한다. 무서운 사실은, 인큐버스를 사랑한 여성은 악마의 자식을 낳는다는 것이다. 또한 서큐버스가 인간 남성에게 빼앗은 정력을 이용해 인간 여성을 임신하게 만든다는 이야기도 있다.

몬스터 정보

희소성	★	크기	인간의 크기	생김새	붉은 눈, 까무잡잡한 피부를 가진 미남의 모습
특징	여성을 유혹해 그 정기를 흡수한다.			활동장소	꿈	나라·지역	유럽

도올

3장

인간의 얼굴에 호랑이의 몸통을 지닌 싸움꾼 몬스터

도올은 중국 신화에 등장하는 포악한 몬스터로, 사흉(→P189) 중 하나이다. 인간의 얼굴에 거대한 호랑이와 비슷한 모습이다. 온몸에 40cm 길이의 털이 빼곡히 나 있고, 멧돼지의 엄니와 긴 꼬리가 달렸다.
자신이 항상 옳다고 생각하는 고집스러운 성격으로, 남의 의견을 전혀 귀담아듣지 않는다. 제멋대로 들판을 날뛰기도 한다.
성격이 난폭해 싸움을 좋아하고 세상을 어지럽히려는 나쁜 계략을 꾸민다. 싸울 때는 뒤로 물러설 줄 몰라서 아무리 싸움이 길어지고 질 것 같아도 죽을 때까지 싸운다.

몬스터 정보

- **희소성**: ★
- **크기**: 호랑이 정도
- **생김새**: 인간과 비슷한 얼굴, 호랑이의 몸통, 멧돼지의 엄니, 긴 꼬리
- **특징**: 난폭한 성격으로 죽을 때까지 싸운다.
- **활동 장소**: 황야
- **나라·지역**: 중국

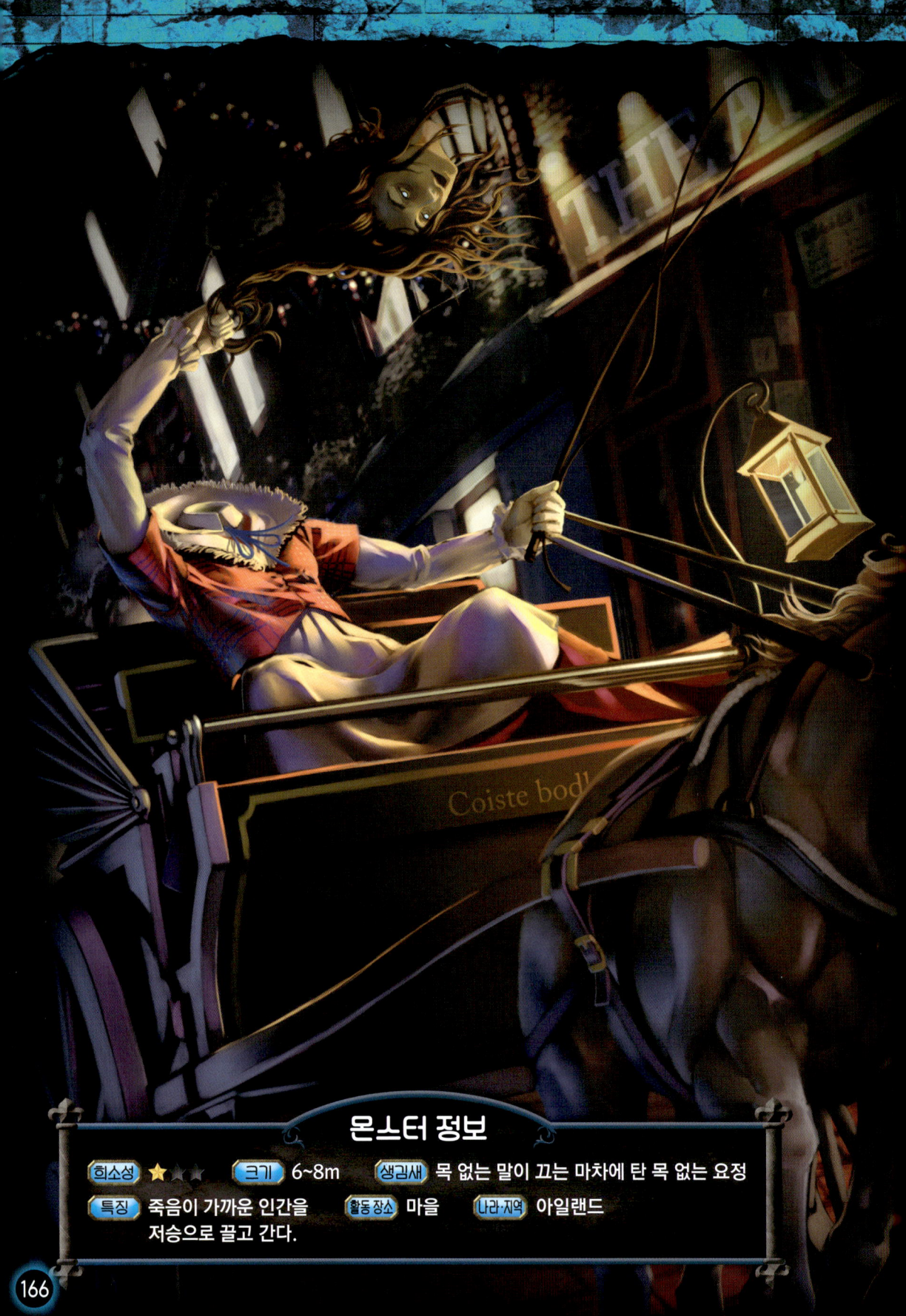

몬스터 정보

희소성 ★☆☆　**크기** 6~8m　**생김새** 목 없는 말이 끄는 마차에 탄 목 없는 요정

특징 죽음이 가까운 인간을 저승으로 끌고 간다.　**활동장소** 마을　**나라·지역** 아일랜드

듀라한

죽음을 예고하는 목 없는 요정

듀라한은 아일랜드의 전설에 등장하며 죽음을 예고하는 요정이다. 목이 없는 남성의 모습일 때가 많지만, 여성의 모습일 때도 있다고 한다. 또한 자기 목을 손에 들고 있을 때도 있다. 목 없는 말인 '코슈타바워'가 끄는 마차를 타고 무시무시한 소리를 내며 거리를 누빈다.

듀라한은 죽음이 가까운 인간을 망자의 나라로 끌고 가는 사신과 같은 존재이다. 만약 듀라한을 물리칠 수 있다면 죽음의 선고를 피할 수 있다고 한다. 또한 코슈타바워가 물 위를 건너지 못하니 강이나 호수로 뛰어들어 도망치는 방법도 있다. 듀라한은 자기 모습을 드러내는 것을 싫어해서 자신을 본 인간의 눈을 멀게 한다고도 알려져 있다.

몬스터 박사의 호기심 사전

듀라한처럼 죽음을 예고하는 몬스터로 밴시(→P120)가 있다. 밴시는 죽음을 앞둔 인간 앞에 나타날 뿐이지만, 듀라한은 죽음이 가까운 인간을 찾아내 적극적으로 목숨을 빼앗으려 하므로 더욱 위험한 존재라 할 수 있다.

그렌델

성에 출몰하는 몬스터

그렌델은 영국 전설에 등장하는 몬스터이다. 거인이며 생김새가 기괴하고 날카로운 손톱을 가졌다. 인간을 잡아먹는 난폭한 성격으로 마을에서 멀리 떨어진 늪에 산다.

어느 날 그렌델이 사는 늪 근처에 성이 지어졌다. 성에서 매일 축제와 파티를 벌이자, 그 소음을 견디지 못한 그렌델이 매일 밤 성에 모인 인간을 한 명씩 잡아먹었다고 한다.

성의 왕은 '베어울프'라는 영웅에게 그렌델을 퇴치해 달라고 부탁했다. 베어울프의 존재를 눈치챈 그렌델은 베어울프가 무기에서 손을 떼고 방심한 틈을 노려 공격했다. 하지만 힘이 센 베어울프에게 그렌델은 한쪽 팔을 잃고 목숨마저 잃고 만다.

몬스터 정보

희소성	★★★	크기	수 m	생김새	날카로운 발톱, 추한 모습의 거인
특징	매일 밤 인간을 한 명씩 잡아먹는다.		활동장소	성	나라·지역	영국, 스웨덴

몬스터 박사의 호기심 사전

그렌델은 어머니와 사이가 좋았다고 한다. 그렌델보다 훨씬 강했던 어머니가 아들을 대신해 복수하려고 했지만, 어머니 역시 베어울프에게 목숨을 잃고 말았다.

가고일

지붕 위에서 인간을 노리는 사악한 조각상

가고일은 악마나 드래곤(→P38), 동물의 모습을 한 움직이는 조각상이다. 날개나 부리가 있는 조각상이 특히 많다.
보통은 건물 지붕에 조각상으로 매달려 있지만, 갑자기 움직여 인간을 습격한다. 날개가 있는 가고일은 하늘을 날며, 발톱이나 엄니가 있는 가고일은 할퀴거나 물어서 상대를 공격한다. 또한 무거운 몸통으로 인간을 뭉개버리기도 한다. 가고일은 대부분 돌처럼 단단한 재료로 만들어져

검으로 쓰러뜨리지 못하고 망치 등으로 부숴야 퇴치할 수 있다. 가고일은 원래 '가르구이유'라고 하는 입에서 물을 뿜는 드래곤이었다고 한다. 현재 건물에 장식된 가고일은 지붕에 모인 빗물이 가고일의 목을 통해 부리로 흐르게 되어 있다.

몬스터 정보

- **희소성**: ★☆☆
- **크기**: 다양하다.
- **생김새**: 악마, 드래곤, 동물 등의 모습을 한 조각상
- **특징**: 평소에는 석상이지만, 갑자기 움직여 인간을 공격한다.
- **활동 장소**: 지붕 위
- **나라·지역**: 프랑스

몬스터 박사의 호기심 사전

가고일

노트르담 대성당의 가고일

프랑스의 수도 파리에는 유네스코 세계 문화유산으로 등록된 노트르담 대성당이 있다. 이 노트르담 대성당 곳곳에 가고일 조각상이 장식되어 있다. 조각상의 모습은 가지각색으로 음침하게 파리 시내를 내려다본다. 입에서 빗물을 내뿜는 조각상을 가고일이라고 하는데, 그 외에 단순히 장식 목적으로 만들어진 조각상은 '시메르', '그로테스크' 등으로 부른다.

노트르담 대성당은 가톨릭교 건물로, 가고일은 노트르담 대성당 안의 나쁜 존재를 밖으로 내쫓고 있다는 이야기가 전해진다.

파리 시내를 내려다보는 노트르담 대성당의 가고일

세계 곳곳의 불운을 막아 주는 부적

사악한 몬스터를 쫓아내기 위해 건물에 몬스터 모양의 석상이나 조각을 달아 부적처럼 사용했던 나라가 많다. 그리고 그 모양 또한 다양하다.

시사 (일본)

오키나와현에서 쉽게 찾아볼 수 있다. 사자와 비슷한 모습으로, 2마리가 함께 있을 때가 많다.

풍견계 (유럽)

유럽, 특히 독일에서 많이 볼 수 있다. 수탉 모양의 풍향계이다.

푸카라의 소 (페루)

페루의 민가 지붕에 장식된 소 모습의 귀여운 부적이다.

용 (중국)

중국에서는 대부분 용을 신으로 숭배해 부적으로 많이 사용한다.

몬스터 정보

희소성	★★	크기	수백 m 이상	생김새	4개의 날개, 독수리의 발톱, 사자와 비슷한 머리와 앞발, 전갈의 꼬리
특징	뜨거운 바람으로 병을 퍼트린다.			활동장소	사막	나라·지역	중동

파주주

병을 퍼뜨리는 최강 악마

파주주는 이라크 전설에 등장하는 몬스터 중 최강의 악마로 꼽힌다. 바람을 일으키는 재앙의 신으로 크기는 수백 m가 넘으며 등에는 커다란 날개가 4개 달렸다. 또한 독수리처럼 날카로운 발톱, 사자의 얼굴과 앞발, 전갈의 꼬리를 지녔다.

이라크에서는 비가 적게 내리는 시기에 매우 뜨거운 바람이 부는데, 이 바람을 파주주가 일으키는 것으로 알려져 있다. 파주주는 이 뜨거운 바람으로 물을 바싹 말려서 식물과 동물을 말라 죽게 만든다. 또한 바람으로 전염병을 퍼트려 사람들에게 옮긴 뒤 나라를 멸망시키려고도 한다.

하지만 이처럼 인간을 괴롭히는 파주주도 재물을 바치면 얼마간은 얌전해진다. 파주주가 식량이 적은 사막에서 살 수 있는 것은 이러한 재물 때문이다. 파주주의 조각상을 모시면 전염병이나 악령으로부터 지켜주는 신의 역할을 하기도 한다.

몬스터 박사의 호기심 사전

파주주의 정체를 '황재'라고도 한다. 풀무치 떼가 날아와 농작물을 남김없이 먹어 버리는 큰 재해를 말하는데, 황재 때문에 먹을거리를 잃은 사람들의 두려움이 파주주라는 악마를 탄생시킨 것은 아닐까?

서큐버스

꿈속에서 남성을 유혹하는 아름다운 악마

서큐버스는 꿈속에 나타나는 몽마의 일종으로 붉은 눈을 가진 아름다운 여성의 모습으로 남성을 유혹한다. 여성의 꿈에 나오는 몽마는 인큐버스(→P164)라고 한다. 기독교가 널리 퍼진 유럽에서 전해 내려오는 몬스터이다.
서큐버스는 세상 어디에서도 본 적이 없을 정도로 아름다운 여성으로 변신해 남성에게 접근하지만, 옛날에는 음침한 분위기를 풍기는 마녀(→P206)의 모습으로 나타날 때도 있었다. 발에 새처럼 발톱이 달린 서큐버스도 있다.
서큐버스가 꿈속에 나타나면 가슴에 압박을 느끼거나 꼼짝하지 못하게 되어

몬스터 박사의 호기심 사전

서큐버스나 인큐버스 같은 몽마에게 공격당하지 않으려면 밤에 잠들기 전, 우유를 작은 그릇에 넣어 머리맡에 두면 된다고 한다

무척 괴롭다고 한다.
서큐버스는 목격한 사람에 따라 생김새가 다르다. 그 이유는 서큐버스가 노린 남성이 가장 좋아하는 유형의 여성 모습으로 변신하기 때문이다.

몬스터 정보

- **희소성**: ★
- **크기**: 인간 정도
- **생김새**: 세상 어디에서도 본 적 없는 붉은 눈을 가진 아름다운 여성
- **특징**: 남성을 유혹한 뒤 그 정기를 빨아들인다.
- **활동장소**: 꿈
- **나라/지역**: 유럽

몬스터 박사의 호기심 사전

서큐버스
인간의 꿈속에 나타나는 이유

꿈속에 나타나 인간을 유혹하는 몬스터를 '몽마'라고 한다.
서큐버스나 인큐버스(→P164), 엠푸사 등이 몽마에 속한다.
몽마가 인간을 유혹하는 데는 이유가 있다. 몽마의 목적은 자신에게 없는 능력을 인간에게서 빼앗는 것이다. 몽마 대부분은 인간 남성의 힘을 흡수해 그 기운으로 인간 여성을 유혹한다. 이는 자손을 늘리기 위한 목적도 있다.
이 때문에 서큐버스와 인큐버스는 사실 같은 몬스터인데, 상대에 따라 성별을 바꾸는 것이라는 이야기도 있다.

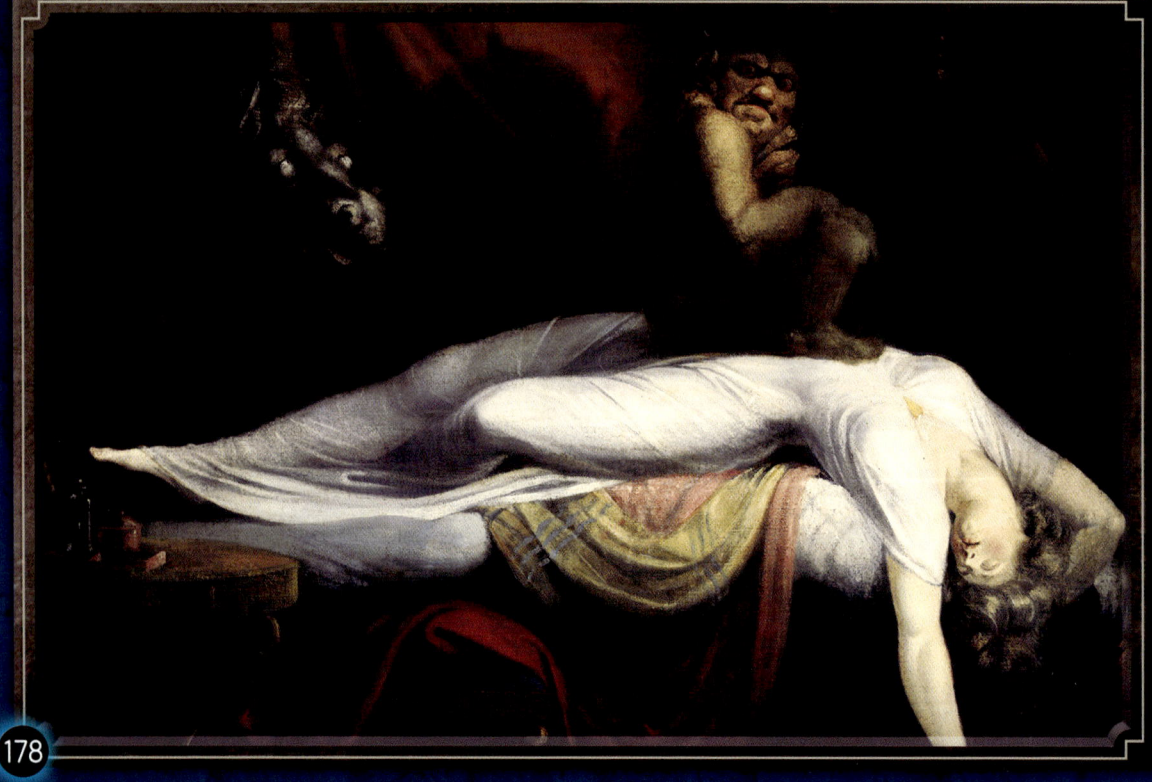
잠이 든 인간 위에 앉아 있는 몽마

인간을 유혹하는 몬스터

세계 곳곳에는 인간을 유혹하는 몬스터가 많다. 이들은 수단과 방법을 가리지 않고 인간을 홀리려고 하므로 속지 않도록 조심해야 한다.

서큐버스 (➡ P176)

좋아하는 여성의 모습으로 꿈속에 나타나 유혹한다.

인큐버스 (➡ P164)

서큐버스와 마찬가지로 꿈에 나타나며 잘생긴 남성의 모습으로 여성을 유혹한다.

에키드나 (➡ P190)

뱀의 모습인 하반신을 감추고, 아름다운 외모로 남성을 유혹한다.

켈피 (➡ P104)

평소에는 짐승의 모습이지만, 아름다운 여성의 모습으로 나타나 인간을 유혹한다.

구울

피를 빨고 고기를 먹는 사막의 식인귀

구울은 이슬람교가 생기기 전부터 아라비아반도에서 전해 내려오는 사막에 사는 식인귀이다. 피부가 검고 인간과 닮았지만, 몸의 색깔과 모습을 바꿀 수 있다. 하이에나나 가장 최근에 잡아먹은 인간의 모습으로 변신한다고 한다. 무덤이나 전쟁터 등에 모습을 드러낼 때도 있으며, 무덤을 파서 시체를 먹거나 살아 있는 아이를 잡아먹기도 한다. 또한 사막에서 길을 헤매는 나그네를 납치해 잡아먹기도 한다.

몬스터 정보

- **희소성**: ★☆☆
- **크기**: 인간 정도
- **생김새**: 인간과 닮았지만, 몸 색깔과 겉모습을 바꿀 수 있다.
- **특징**: 시체와 살아 있는 인간을 잡아먹는다.
- **활동 장소**: 사막, 무덤
- **나라·지역**: 아프리카

혼돈
정체를 알 수 없는 수수께끼 몬스터

사흉(→P189)의 하나로, 털이 덥수룩한 개처럼 생겼고 발톱이 없는 곰의 발을 가졌다. 눈과 코가 있긴 하지만, 제 기능을 하지 못한다. 다리 역시 아무 도움도 주지 못한다. 자기 꼬리를 입에 물고 빙글빙글 도는 수수께끼의 몬스터이다. 중국 전설에서 인간은 눈과 귀 입, 콧구멍까지 7개의 구멍이 있지만, 혼돈은 하나도 없었다. 혼돈에게 도움을 받은 두 명의 왕이 답례로 매일 하나씩 구멍을 뚫어 주었는데, 그 탓인지 7일째 되는 날 혼돈이 죽고 말았다고 한다.

몬스터 정보

- **희소성**: ★★★
- **크기**: 무한대
- **생김새**: 털이 덥수룩한 개와 닮았고 발톱이 없는 곰의 발이 있다.
- **특징**: 자기 꼬리를 입에 물고 빙빙 돈다.
- **활동 장소**: 불명
- **나라·지역**: 중국

트롤

지하 세계에서 나타난 거대 몬스터

트롤은 유럽에 사는 몬스터로, 생김새가 흉측하고 대체로 몸집이 거대하다. 나라와 지역에 따라 트롤의 크기는 다르며 몸집이 작을 때도 있다. 종류가 많아서 '산 트롤', '눈 트롤', '동굴 트롤' 등의 이름으로 불린다. 덴마크에서는 턱수염을 기른 노인으로 알려져 있으며, 붉은 모자를 쓰고 가죽 앞치마를 두른 모습이라고 한다.

대부분의 트롤은 두려움을 모르는 성격으로 힘은 세지만, 머리가 나쁘고 난폭하다. 또한 재생 능력이 뛰어나 깊은 상처가 생겨도 금세 낫는다. 하지만 햇빛에 약해 빛을 쬐면 돌로 변해 죽어 버리고 만다.

인간의 물건을 감추는 장난을 치고는 해서 지금도 유럽에서는 평소에 물건이 없어지면 트롤의 장난이라고 말하기도 한다.

트롤의 집은 오래된 무덤이나 언덕에 생긴 동굴에 있어서 '언덕의 사람'이라는 별명도 있다. 트롤의 집에는 트롤이 여기저기에서 훔치거나 주워 온 보석이 많이 숨겨져 있다고 한다.

몬스터 정보

희소성 ★★	크기 다양하다.	생김새 나라와 장소에 따라 다르지만, 대부분 기이한 모습이다.
특징 재생 능력이 뛰어나다. 빛을 쬐면 돌로 변한다.	활동장소 숲, 동굴, 지하	나라·지역 유럽

몬스터 박사의 호기심 사전

트롤

트롤의 어린아이 바꿔치기

옛날 유럽에서는 트롤이 몰래 인간의 아이를 납치한 뒤 트롤의 자식을 대신 두고 가는 일이 있었다고 한다. 이러한 일을 '아이 바꿔치기'라고 한다.

트롤의 자식은 인간의 모습과 비슷해서 인간 부모는 자기 아이가 바뀌었다는 사실을 바로 알아채지 못한다. 하지만 아이가 성장함에 따라 트롤의 특징인 난폭한 성격이 드러나고 인간의 언어로 말하는 것을 힘들어하는 모습을 통해 그 정체가 들통나고 만다.

트롤뿐만 아니라 엘프(→P88) 역시 아이 바꿔치기를 한다고 알려져 있다.

바꿔치기한 인간의 아이와 함께 사는 트롤

노르웨이 곳곳에서 만나는 트롤

유럽에는 트롤에 관한 전설이 많다. 스칸디나비아반도의 노르웨이에는 지금까지도 트롤이 자주 나타난다고 한다.

특히 노르웨이 서부의 피오르 지방에서 전해지는 트롤 전설이 많은데, 이곳에는 '트롤의 사다리'라고 불리는 계곡이 있다. 또한 '트롤의 혀'라고 불리는 바위 위에서 내려다보는 풍경이 매우 아름답다고 한다. 이 밖에도 햇빛을 쐬고 돌로 변한 트롤이라는 바위와 '트롤 파크' 공원도 있어서 관광 명소로 조성되었다. 기념품으로는 트롤 인형이 많이 팔린다.

가장 흥미로운 것은 피오르 지방에 '트롤 출몰 주의' 간판이 실제로 존재한다는 것이다. 만약 이곳에 방문한다면 트롤에게 공격당하지 않도록 주의해야 한다.

트롤 출몰 주의 간판

'트롤의 혀'에서 보이는 아름다운 광경

몬스터 박사의 호기심 사전

태국의 '가스'도 페난가란과 같은 몬스터이다. 여성의 머리에 내장이 매달린 상태에서 빛을 내며 날거나 시체를 먹고 임산부의 피를 빠는 등 특징이 같다. 일본의 '로쿠로쿠비', 남미의 몬스터 '촌촌'(→P162)과 같은 부류라고 보인다.

페난가란

내장을 늘어뜨리고 날아다니는 흡혈 몬스터

페난가란은 말레이반도의 보르네오섬에 전해 오는 피를 빠는 몬스터이다. 낮에는 평범한 여성의 모습이지만, 밤이 되면 몸에서 목이 떨어져 나가 날아다닌다고 한다.
원래 출산을 도와주는 산파였는데, 악마와 계약을 맺어 몬스터가 되었다고 한다. 아이를 낳다 죽은 여성이 페난가란으로 변했다고도 한다.
페난가란은 목 아래로 식도나 위 등의 장기를 늘어뜨리고 날아다니는데, 이때 내장에서 빛이 번쩍인다고 한다. 이 내장에서 떨어지는 혈액이나 체액이

몬스터 정보

- **희소성** ★★
- **크기** 소 정도
- **생김새** 고슴도치의 가시가 온몸에 솟은 날개 달린 소의 모습
- **특징** 악의 편에 서서 선량한 사람을 괴롭힌다. 바람을 조종한다.
- **활동 장소** 산
- **나라·지역** 중국

궁기

착한 자를 괴롭히고 악한 자를 돕는 포악한 몬스터

중국 신화에 등장하는 몬스터로, 사흉 중 하나이며 그 모습은 자세히 알려지지 않았다. 전설에서는 고슴도치의 가시가 온몸에 솟아 있는 날개 달린 소처럼 묘사된다. 한편에서는 소가 아니라 호랑이라고도 한다. 개처럼 소리 내어 짖으며 사람의 말을 이해한다고 전해진다.

규산이라는 산에 살며 악의 편에 설 때가 많다. 악한 인간과 선량한 인간 사이에 싸움이 벌어지면 악한 쪽을 도와 상대를 괴롭힌다. 성실한 인간을 만나면 코를 베어 먹고 악인을 만나면 상으로 고기를 나눠주는 비뚤어진 성격의 몬스터이다. 인간을 잡아먹을 때는 머리부터 먹는다고 한다. 궁기는 '광막풍'이라는 북풍을 조종할 수 있는데, 이 때문에 바람의 신이라는 이야기도 있다.

몬스터 박사의 호기심 사전

궁기, 도철, 도올(→P165), 혼돈(→P181)을 합쳐 '사흉'이라고 한다. 옛 중국에 존재했던 네 종류의 악신이다. 태어날 때부터 성격이 난폭하고 사악했던 탓에 각자 국경으로 보내진 뒤, 외부에서 찾아오는 인간을 감시하는 역할을 맡았다고 한다.

에키드나

여러 몬스터를 탄생시킨 아름다운 몬스터

에키드나의 상반신은 아름다운 여성의 모습이지만, 하반신은 뱀이다. 등에 날개가 달린 에키드나도 있다.
평소에는 동굴에 살지만, 인간이 가까이 다가오면 공격해 잡아먹는다. 남성을 노릴 때가 많은데, 동굴 밖으로 아름다운 상반신만 내밀고 뱀의 하반신은 드러내지 않는다. 남성을 유혹해 가까이 다가오면 공격해 잡는다.
불로불사의 몬스터라고 하지만, 그리스 남부의 펠로폰네소스에서 가축을 덮쳤을 때 눈이 100개인 거인 아르고스의 공격을 받아 목숨을 잃고 말았다. 아르고스는 신들의 부하로, 수많은 몬스터를 퇴치했다.
에키드나는 그리스 신화에서도 최고로 강한 신인 티폰(→P230)의 아내로 많은 몬스터를 낳았다. 에키드나 자체가 특별한 힘을 지니고 있지는 않지만, 여러 몬스터의 어머니로 유명하다.

몬스터 박사의 호기심 사전

수많은 몬스터를 낳은 에키드나의 가계도

에키드나는 여러 몬스터를 낳았다. 다음의 표는 에키드나의 가족 관계를 보기 편하게 정리한 것이다. 자기 자식이기도 한 오르트로스와도 결혼해 아이들을 낳아 복잡한 관계를 이룬다.

또한 이유를 알 수는 없지만 에키드나의 여러 자식을 퇴치한 영웅, 헤라클레스와의 사이에서도 아이들을 낳았다.

티폰 (➜ P230) — 부부 — 에키드나

케르베로스 (➜ P18) | 라돈 | 황금양모를 지키는 용 | 에톤 | 히드라 (➜ P114)

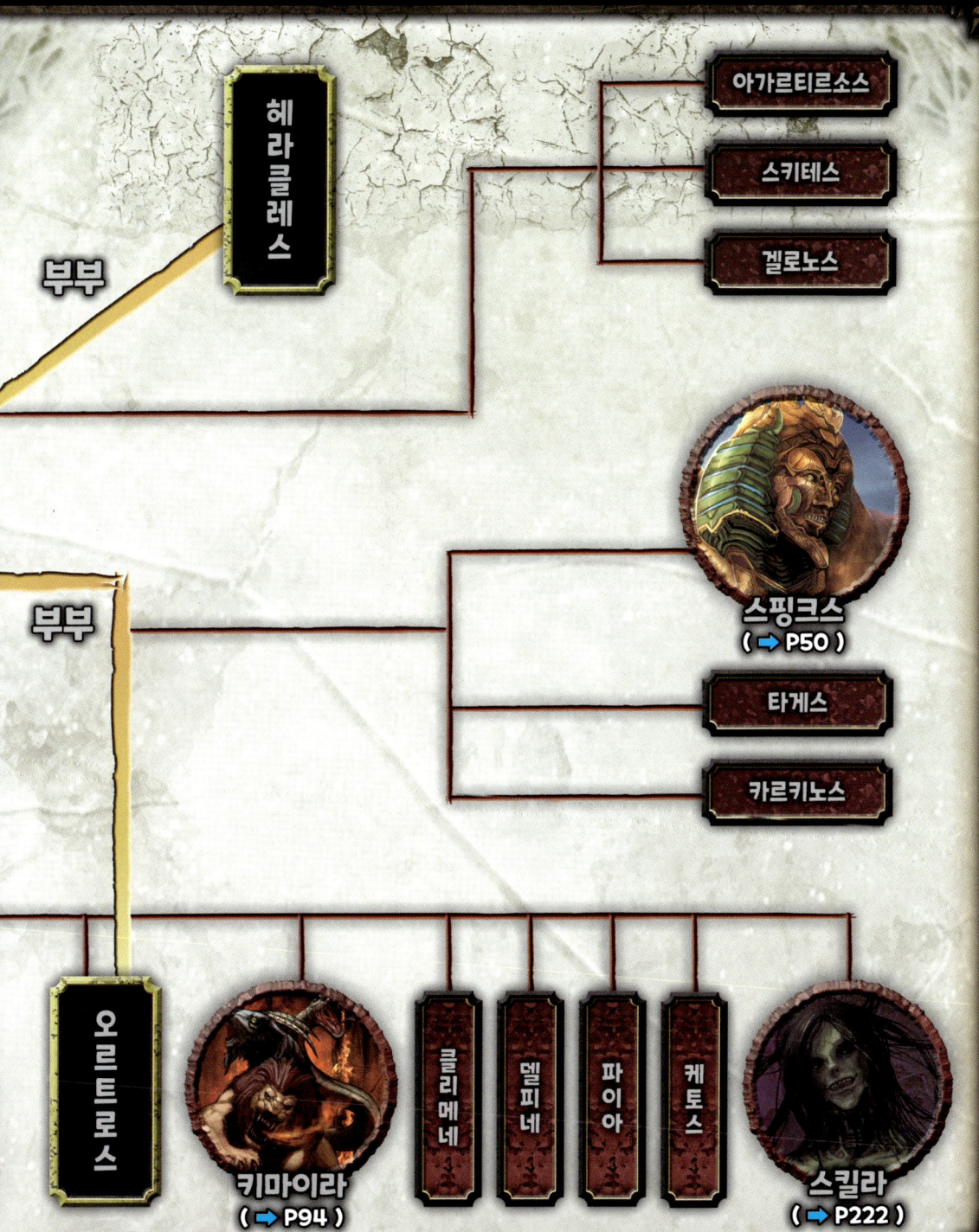

천상계와 명도는 어떤 곳일까?

신과 몬스터가 사는 수수께끼의 세계

인간이 사는 세계와는 다른 세계를 '이계'라고 한다. 그중에 '천상계'와 '명도'라 부르는 세계가 있다.

보통 이계에는 살아 있는 인간이 갈 수 없지만, 가끔 길을 헤매거나 마술사 등이 의식을 치르다 이계로 연결되기도 한다. 나라와 종교, 신화에 따라 저마다 다른 세계가 존재하지만, 살아 있는 인간이 갈 수 없기 때문에 진실은 알 수 없다. 여기에서는 두 세계에 관해 간단히 설명하고자 한다.

천상계는 천사와 신이 사는 세계로, 인간이 사는 세계보다 한참 높은 곳에 존재한다. 인간이 우주로 나갈 수 있게 된 지금까지도 아직 천상계를 발견하지는 못한 것을 보면, 우주보다 더 높은 곳에 존재할 가능성도 있다.

명도는 죽은 인간과 이들을 감시하는 신이 사는 세계로, 인간이 죽으면 그 혼이 다다르는 곳이다. 착한 인간은 천국으로, 나쁜 인간은 지옥으로 보내진다.

몬스터는 천상계와 명도에 살고 있으며 그곳에서 인간이 사는 세계로 내려와 난동을 부리거나 눌러살거나 한다. 특히 신화에 등장하는 몬스터들은 신과 깊은 관련이 있어서 천상계와 명도, 인간이 사는 세계를 오간다.

몬스터는 왜 인간이 사는 세계로 자꾸 내려오는 걸까? 그 이유는 신을 화나게 만들어 살고 있던 세계에서 쫓겨났다거나 그저 인간에게 장난을 치고 싶어서 등 다양하다.

명도의 모습을 묘사한 그림. 수많은 망자가 배에 타고 있다.

제 4 장
공포 몬스터

몸의 털이 바짝 설 정도로 섬뜩한 몬스터이다.
인간과 닮았지만 강력한 마술이나 특수한 능력을 사용해
인간을 공포의 밑바닥까지 몰아넣는다.
이들 몬스터와 마주쳤다면 이미 늦은 것일지도 모른다.

레이스

어둠 속에서 모습을 드러내는 살아 있는 영혼

레이스는 인간의 몸이 육체와 영혼으로 분리되어 원래대로 돌아갈 수 없게 된 영혼이다. 유령이라 실제로 만질 수는 없지만, 인간의 모습을 하고 있다. 묘지나 인기척이 없는 장소에 자주 나타난다.

강력한 마력을 지닌 레이스는 자기를 본 인간에게 저주를 건다고 한다. 하지만 사람을 해칠 만큼 나쁜 짓은 하지 않으며 어려움에 빠진 사람을 도와줄 정도로 인간에게 친절한 레이스도 있다.

뱀파이어(→P202)처럼 햇빛에 약하다는 약점이 있다. 따라서 해가 저문 밤에만 활동할 수 있다.

몬스터 정보

희소성	★☆☆
크기	인간 정도
생김새	실제로 만질 수 없지만, 인간 모습을 하고 있다.
특징	강력한 마력
활동 장소	묘지, 인기척 없는 장소
나라·지역	유럽

몬스터 박사의 호기심 사전

레이스는 보통의 영혼과는 다르게 타인에게 빙의되지 않지만, 접촉한 상대의 생명을 빨아들이는 능력을 지녔다. 레이스에게 목숨을 빼앗긴 인간은 레이스로 부활할 수 있다.

미노타우로스

소의 머리에 인간의 몸통을 가진 식인 몬스터

미노타우로스는 그리스 신화에 등장한다. 소의 머리에 인간의 몸통을 가진, 인간과 소 사이에서 태어난 몬스터이다.
그리스 크레타섬에 있는 크노소스 유적의 라비린토스 미궁에 살고 있다. 성질이 매우 난폭해 미궁에 들어온 인간을 공격해 잡아먹는다.
크레타섬의 왕인 미노스는 바다의 신인 포세이돈에게 제물로 바쳐진 소 '타우루스'를 몰래 데려갔다. 분노한 바다의 신 포세이돈은 미노스 왕의 아내에게 저주를 걸어 타우로스의 자식을 낳게 했는데, 그가 바로 미노타우로스이다.
미노타우로스는 성질이 매우 포악해서 라비린토스 미궁에 갇히고 말았다. 그 후 9년마다 일곱 명의 소년과 일곱 명의 소녀, 총 14명이 제물로 바쳐졌는데 모두 미노타우로스에게 잡아먹혔다.

몬스터 정보

희소성	★	크기	수 m	생김새	소의 머리에 인간의 몸통을 가졌다.
특징	매우 난폭하며 인간을 잡아먹는다.			활동장소	미궁 라비린토스	나라·지역	그리스

미라

영원한 잠에서 깨어나 발굴한 사람을 공격하는 망자

미라는 주로 이집트의 피라미드에 나타나는 몬스터이다. 온몸을 흰 천으로 둘둘 휘감고 있다. 먼지를 날리면서 터벅터벅 걸어와 공격하지만, 이미 죽은 몸이어서 칼이나 총으로 공격해도 소용이 없다. 다만, 성스러운 물인 성수를 뿌리면 주저앉고 만다. 또한 몸통이 건조해서 불로 공격하는 것을 매우 싫어한다.

고대 이집트에는 시체를 보존하는 풍습이 있었다. 시체를 천으로 둘둘 말아 땅에 묻었는데, 이를 '미라'라고 불렀다. 무덤을 파헤치는 도굴꾼과 발굴하려는 인간들을 공격한다고 알려져 있다.

1920년대 고대 이집트의 왕인 투탕카멘의 무덤을 조사하던 학자들이 계속해서 목숨을 잃는 일이 발생했다. 이 사건을 '투탕카멘의 저주'라 부르는데, 어쩌면 저주가 아닌 미라의 공격일지도 모르겠다.

몬스터 박사의 호기심 사전

미라는 영국의 대영박물관에 전시되어 있어서 언제든 볼 수 있다. 영국 외에도 박물관에서 미라를 전시하는 나라가 여럿 있다. 우리나라 박물관에서도 미라를 전시할 때가 있으니, 미라를 만나러 가보는 건 어떨까?

뱀파이어

박쥐로 변신해 인간의 피를 빠는 한밤의 몬스터

뱀파이어는 평소에 세련된 양복을 입고 신사나 숙녀로 위장하고 있어서 평범한 인간으로 착각한다. 하지만 밤이 되면 흡혈귀인 본성을 드러내 인간에게 달려들어 피를 빤다. 나라에 따라 다르지만, 뱀파이어에게 피를 빨린 인간 역시 뱀파이어로 변한다. 이때 희생자의 목에는 반드시 엄니 두 개의 흔적이 남아 있다고 한다.

강력한 냄새에 약해서 마늘 등을 현관이나 창에 걸어두면 도망간다. 또한, 개는 뱀파이어의 정체를 꿰뚫어 보기 때문에 뱀파이어가 두려워하는 존재이다. 거울에는 그 모습이 비치지 않는다고도 하며, 박쥐나 고양이 같은 동물로 변신해 목표로 한 인간에게 접근하기도 한다.

뱀파이어를 완전히 퇴치하려면 잠든 사이에 가슴에 말뚝을 박거나 완전히 태워 버려야 한다. 뱀파이어는 살해당하지 않는 한, 죽지 않으며 영원히 젊음을 유지한 채 살아간다.

닥치는 대로 인간을 공격하는 것은 아니며, 동물의 피로 대신하거나 자기 사정을 아는 인간에게 피를 받는 뱀파이어도 있다고 한다.

몬스터 정보

희소성 ★★	크기 인간의 크기	생김새 평범한 인간처럼 보이지만, 두 개의 송곳니가 있다.
특징 살아 있는 인간의 피를 빨며 피를 빤 인간을 동족으로 만든다.	활동장소 모든 곳	나라·지역 전 세계

몬스터 박사의 호기심 사전

뱀파이어

블라드 3세라는 남성

뱀파이어라고 하면, '드라큘라'를 떠올린다. 드라큘라는 아일랜드의 소설에 등장하는 뱀파이어의 이름이다. 그런데 이 드라큘라의 모델이 된 실존 인물이 있다. 바로 '블라드 3세'라는 루마니아의 왕이다.

블라드 3세의 아버지는 '드래곤 기사단'이라는 로마군에 소속되어 있었다. 이 때문에 사람들은 블라드 3세를 '드래곤(→P38)의 아들'이라는 뜻으로 드라큘라라고 불렀다. 블라드 3세는 잔혹한 성격이었다. 적군의 심부름꾼이나 죄인 등을 모조리 살아 있는 채로 꼬챙이에 끼워 죽였다고 한다. 그래서 '피를 좋아하는 지배자'라는 이미지가 생겼고, 이 때문에 피를 빠는 드라큘라의 모델이 되었다는 설이 있다.

드라큘라의 모델이 된 블라드 3세의 초상화

뱀파이어 퇴치법

뱀파이어는 늙지도, 죽지도 않는다. 하지만 몇 가지 약점이 있다. 약점을 알아 두면 뱀파이어를 쓰러뜨릴 수 있을지 모른다.

1. 햇빛을 쐬게 한다.
태양 빛에 매우 약하기 때문에 가지고 있는 특별한 능력을 전혀 사용할 수 없다. 햇빛을 쐬면 재로 변하는 뱀파이어도 있다.

2. 심장에 금속 말뚝을 박는다.
금속 말뚝을 심장에 박으면 뱀파이어를 죽일 수 있다. 뱀파이어는 낮에 잠들어 있을 때가 많으니 낮을 노려야 한다.

3. 뱀파이어에게 효과적인 물건
지독한 냄새를 싫어하므로 마늘을 지니고 다니면 도움이 된다. 또한 기독교 신자가 지니는 십자가에도 약하다.

마늘과 십자가가 있으면 뱀파이어로부터 몸을 보호할 수 있다.

마녀

빗자루를 타고 하늘을 누비는 몬스터

마녀는 푸글푸글한 주름이 있는 할머니의 모습이다. 매부리코가 특징이고 커다란 모자나 두건을 쓰고 있다. 빗자루를 타고 하늘을 날며, 악마와 계약을 맺어 다양한 마법을 부릴 수 있다.
검은 고양이나 벌레, 박쥐 등을 부하로 조종해 인간을 쫓아다니며 괴롭힌다. 또한 깊은 숲속에 오두막을 갖고 있는데, 그곳에서 커다란 냄비에 다양한 재료를 넣고 끓여 마법 수프를 만든다고 한다.
마녀는 사악하다는 인상이 강하지만, 사실은 예로부터 내려오는 풍습을 지키는 인간이라는 설도 있다. 자연에서 캔 약초를 이용해 병을 치료하는 등 자연과 함께 살아온 마녀가 그리 나쁜 존재는 아닐지도 모르겠다.
나쁜 짓을 저지르지 않는 마녀를 '백마녀'라고 한다. 백마녀는 미래를 점치거나 병을 고쳐 주기도 해서 인간과 사이좋게 지낸다.

몬스터 박사의 호기심 사전

아프리카에는 지금도 마녀가 존재하며 실제로 마법을 사용한다고 한다. 축구 시합에서 마녀가 상대팀에게 저주를 걸거나 경쟁 기업의 실적을 떨어뜨리고자 경영자가 마녀에게 저주를 의뢰하는 일도 있다고 한다.

반어인

절반은 물고기, 절반은 인간인 몬스터

인간과 물고기의 중간 형태의 생물로, 온몸이 비늘로 뒤덮여 있으며 손과 발에는 물갈퀴와 지느러미가 있다. 또한 머리는 물고기의 모습이고 뾰족한 등지느러미가 있으며 아가미로 호흡한다. 사나운 성격으로 인간을 발견하면 달려든다고 한다. 인간처럼 말할 수도 있다.

키는 수십 cm 정도의 작은 반어인부터 인간 정도 크기의 반어인까지 다양하다. 몸통의 색깔은 녹색이나 회색이다. 바다뿐만 아니라, 강에서도 산다. 1972년 캐나다의 브리티시컬럼비아주에 있는 테티스 호수에서 모습을 드러낸 적이 있다. 1987년에는 프랑스 남부의 한 해수욕장에 커다란 창을 들고 나타난 반어인이 사납게 날뛰다가 바다로 사라진 사건이 있었다.

몬스터 박사의 호기심 사전

반어인의 일종으로 '바다의 주교(신을 섬기는 사람)'가 있다. 1531년 발트해에서 인간 주교와 비슷한 모습으로 붙잡혔다. 인간의 말을 이해하지는 못했지만, 땅에서 생활할 수 있었다. 일본에도 승려와 비슷한 '우미보즈'라는 몬스터가 있다.

형천

죽어서도 싸움을 멈추지 않는 거인

중국 신화에 등장하는 거인으로, 잃어버린 자기 머리를 찾아 황야를 떠돈다. 이 거인에게는 머리가 없다. '형천'이란 말은 머리를 잘라낸다는 뜻이다. 가슴과 배 사이에 얼굴이 있다. 원래는 목 위로 소의 모습을 한 신인 염제신농(중국 고대의 불의 신)의 충실한 부하로, 평범한 모습의 거인이었다. 하지만 황제에게 염제신농이 목숨을 잃자 형천은 원수를 갚기 위해 황제에게 싸움을 걸었고, 싸움에 패해 목이 날아가고 말았다. 하지만 양쪽 젖꼭지가 눈이 되고 배꼽이 입이 되면서 계속 싸움을 이어갈 수 있었다고 한다.

몬스터 정보

| 희소성 |  | 크기 | 거대 | 생김새 | 목이 없는 거인, 양쪽 젖꼭지는 눈이고 배꼽은 입이다. |
| 특징 | 자기 목을 찾아 황야를 떠돈다. | | | 활동 장소 | 황야 | 나라·지역 | 중국 |

라미아

몬스터가 되어 버린 아름다운 여신

상반신은 여성이고 하반신은 뱀의 모습을 하고 있다. 인간의 언어를 하지는 못하지만, 아름다운 휘파람 소리로 인간을 유혹해 목숨을 빼앗는다. 원래 아름다운 여성이었던 라미아는 그리스 신화에 등장하는 최고의 신 제우스의 눈에 들어 여러 자식을 낳았다. 하지만 이에 분노한 제우스의 부인 헤라에게 자식들이 살해당하자, 라미아 스스로 몬스터로 변해 버리고 말았다. 그 뒤, 자식들과 행복하게 지내는 다른 엄마를 시샘하여 그 아이들을 잡아먹는 몬스터가 되었다.

자식을 잃은 슬픔으로 잠들지 못하는 라미아를 위해 제우스가 그녀의 눈을 없애 잠들 수 있게 해 주었다고 전해진다.

몬스터 정보

희소성	★☆☆
크기	거대
생김새	상반신은 여인, 하반신은 뱀의 모습
특징	아름다운 휘파람 소리로 인간을 유혹해 목숨을 빼앗는다.
활동 장소	불명
나라·지역	유럽

골렘

괴력을 사용하는 고대 거대 로봇

유대교 전설에 등장하는 몬스터이다. 진흙으로 만들어졌으며 로봇처럼 스스로 움직인다. 골렘은 히브리어로 '태아'라는 뜻으로, 자신을 만든 인간의 명령만을 충실하게 따른다.

자기 의지가 없이 보물이나 주인의 생명을 지키기 위해 전력을 다할 때가 많다. 하지만 평범한 진흙 덩어리로 인간처럼 움직이는 골렘을 만드는 일은 신이 인간을 창조하는 것과 같아서 유대교 신자들에게는 인간이 해서는 안 되는 일로 여겨진다.

골렘을 만들려면 우선 신성한 의식을 치르고 진흙을 반죽해 인간처럼 모양을 빚는다. 생명을 불어넣는 주문을 외우고 진리라고 쓴 표식을 이마에 붙이면 그 인형은 골렘이 되어 움직인다. 골렘이 필요 없어지면 이마의 표식을 떼어내 흙으로 되돌릴 수 있지만, 파괴해도 33년 후에 부활한다는 이야기도 있다.

몬스터 정보

 ★	수 m	스스로 움직이는 진흙 거인
특징 자신을 만든 주인의 명령을 충실히 따른다.	모든 곳	이스라엘

몬스터 박사의 호기심 사전

일본에 헤이안 시대 '사이쿄'라는 스님이 수행 중 외로움을 달래기 위해 인간의 뼈로 골렘과 비슷한 것을 만들었다는 기록이 있다. 그리스 신화에 등장하는 대장장이 신인 헤파이스토스도 청동 거인 '탈로스'를 만들었다.

하피

여성의 얼굴에 새의 몸통을 가진 새 몬스터

그리스 신화에 등장하며 여성의 얼굴에 새의 몸통을 가진 몬스터이다. 그리스 신화에서는 '하르피아이'로 등장한다. 얼굴은 여성이지만 팔 대신 날개가 달렸고, 가슴 아래쪽은 완전히 새의 모습이다.
인간의 식량이나 아이들을 납치하고 배설물을 흩뿌리는 등 매우 지저분한 몬스터로 묘사될 때가 많다. 노파의 얼굴을 가진 모습으로 묘사될 때도 있다. 하피라는 이름은 '몰래 훔치는 자', '약탈하는 자'라는 뜻이며, 원래는 회오리바람이나 소용돌이를 관장하는 여신이었다.

몬스터 박사의 호기심 사전

그리스 신화에 등장하는 하피는 '하르피아이 세 자매'라고도 불리며 장녀인 '아엘로', 차녀인 '오키페테', 삼녀인 '켈라이노'가 있다. 바람의 여신으로, 세 자매가 협력하여 폭풍을 일으킬 수 있다.

실제 하피이글(부채머리수리)이라는 커다란 새가 존재한다. 그 크기가 엄청나서 '하피'와 수리를 뜻하는 '이글'이 합쳐져 '하피이글'이라고 불리게 되었다. 하피이글이 원숭이나 나무늘보 등의 동물을 낚아채 그대로 나는 모습이 하피의 특징과 비슷하다.

몬스터 정보

희소성	★
크기	수 m
생김새	얼굴은 여성, 몸통과 다리는 새
특징	아이를 납치하고 사람의 식량을 훔쳐 먹는다.
활동 장소	야외
나라·지역	유럽

강시

깡충깡충 뛰며 쫓아오는 움직이는 시체

중국의 몬스터인 강시는 죽은 인간이 변한 것이다. 생김새는 인간과 같지만, 손을 앞으로 내민 채 깡충깡충 뛰어서 이동한다. 주로 밤에 돌아다닌다.
성격은 매우 난폭해서 인간을 발견하면 달려들며 인간의 피를 빨거나 살점을 물어뜯는다. 강시의 약점은 부적으로, 부적을 붙이면 움직이지 못한다. 중국의 전통 복장과 모자를 쓰고 있을 때가 많다.
'도사'라고 불리는 마법사의 주문에 따라 움직이지만, 심장은 없다.
눈이 보이지 않아서 숨소리로 인간이 있는 곳을 파악한다. 따라서 숨을 멈추면 강시에게 발각되지 않는다. 강시에게 공격당하면 그 인간도 강시로 변한다는 이야기가 있는데, 이러한 특징은 좀비(→P226)와 비슷하다.
강시로 오랫동안 활동하면 하늘을 날 수 있게 된다고 한다.

몬스터 정보

희소성	★	크기	인간 크기	생김새	팔을 앞으로 뻗고 서서 움직이는 시체
특징	인간의 피를 빨며 살을 뜯어 먹는다.		활동 장소	야외	나라·지역	중국

몬스터 박사의 호기심 사전

강시

강시를 조종하는 도사의 정체는?

팔을 앞으로 뻗고 깡충깡충 뛰어다니는 강시는 사실 자기 의지대로 움직이지 못한다. 인간 도사들이 시체에 주술을 걸어 강시를 만든 뒤 조종하는 것이다.
도사는 절에 있는 승려와 같은 존재로, 도교의 가르침을 전파하는 일을 맡고 있다. 본래는 도교의 가르침에 따라 사찰 음식을 먹거나 도교의 가르침을 전하고 사람들을 돕기 위한 주술을 사용한다. 그런데 주술을 할 능력을 지닌 도사가 그 능력을 악한 일에 사용하기도 하는데, 그 대표적인 예가 시체를 깨워서 강시를 탄생시킨 것이다. 대부분 도사는 옛 중국 의복인 '한푸'를 입고, 머리에는 '관건'이라는 검은 두건을 쓴다.

강시를 퇴치하는 것 역시 도사의 일이다. 복숭아나무로 만든 검과 부적을 사용해 강시와 싸운다.

지금도 도교가 널리 퍼져 있는 대만이나 동남아시아에는 여전히 도사가 존재한다.

시체에서 탄생한 몬스터

인간이 죽은 뒤, 그 시체가 다시 몬스터로 환생하기도 한다. 이러한 몬스터는 몸이 이미 죽은 상태라 퇴치하기 어렵다.

좀비 (➡ P226)

주인의 명령대로 움직이는 시체 몬스터. 지치지 않고 계속해서 움직인다.

미라 (➡ P200)

몸통에 붕대를 감은 시체 몬스터. 무덤을 지키며 살아 있는 인간을 공격한다.

스켈레톤 (➡ P152)

해골의 모습을 한 몬스터. 음악에 맞춰 춤추기 좋아한다.

강시 (➡ P216)

팔을 앞으로 뻗고 깡충깡충 뛰어다니는 시체 몬스터. 인간의 피를 빨며 살을 뜯어 먹는다.

캐트시

노래하고 춤추는 발랄한 영국의 변신 고양이

캐트시의 체격은 커다란 개만 하며 몸통은 검은색이고 가슴은 하얀 털로 뒤덮였다. 인간의 언어를 이해하고 두 발로 서서 춤추고 노래한다는 전설도 있다. 종종 얼룩무늬, 범 무늬, 흰색 털 등으로 묘사되기도 한다.

캐트시는 고지대에 살며 '킹 오브 캣츠', 즉 '고양이의 왕'이라고 불린다. 다른 고양이들로부터 왕 대접을 받고, 보름달이 뜬 밤에는 모두 모여 이야기를 나누기도 한다. 캐트시가 죽으면 고양이들이 장례식을 열어 누가 다음 왕(캐트시)이 될지 정한다.

몬스터 박사의 호기심 사전

일본의 몬스터 '네코마타'는 캐트시와 닮은 점이 많다. 두 다리로 설 수 있고 인간의 언어로 이야기한다.

고양이는 신비로운 면이 있는 동물이다. 고양이의 묘한 매력이 고양이 몬스터를 탄생시킨 것일지도 모를 일이다.

스킬라

뱀과 개, 여성이 뒤섞인 몬스터

그리스 신화에 등장하는 몬스터이다. 재앙의 신인 티폰(→P230)과 절반은 인간, 절반은 뱀인 몬스터 에키드나(→P190) 사이에서 태어난 딸이다. 이탈리아의 메시나 해협에 살며, 상반신은 여성이고 배에는 개의 머리 6개와 개의 다리 12개가 달려 있다. 종종 하반신이 물고기의 꼬리이거나 뱀일 때도 있고 개가 아닌 뱀의 머리가 잔뜩 달려 있을 때도 있다. 때로는 문어의 촉수이거나 물고기일 때도 있는 등 종류가 매우 다양하다. 스킬라라는 이름은 '개의 자식'이라는 뜻이 있다.

원래는 아름다운 정령이었지만, 마녀(→P206)의 저주를 받아 몬스터의 모습으로 변하고 말았다. 바다 몬스터인 만큼 배가 다가오면 선원을 잡아먹거나 배를 침몰시킨다.

몬스터 박사의 호기심 사전

스킬라를 사랑한 바다의 신 '글라우코스'는 마녀에게 부탁해 스킬라를 소유하려 했다. 하지만 하필 글라우코스를 사랑하고 있던 마녀는 질투심에 불타 아름다운 정령이었던 스킬라를 몬스터로 만들어 버렸다고 한다.

몬스터 정보

- **희소성**: ★★
- **크기**: 거대
- **생김새**: 상반신은 아름다운 여성이고 하반신의 모습은 다양하다.
- **특징**: 인간을 발견하면 잡아먹는다.
- **활동 장소**: 메시나 해협
- **나라·지역**: 이탈리아

이프리트

불을 조종하며 몸통이 연기처럼 사라지는 몬스터

신비한 능력을 지닌 재앙의 신으로, 얼굴은 험상궂고 몸통이 연기처럼 보이는 거인이다. 남성 이프리트는 '지니', 여성 이프리트는 '지니야'라고 부른다. 이슬람교가 널리 퍼지기 전부터 현재에 이르기까지 아랍 세계에서 믿어 온 몬스터이다.

다양한 마술을 부릴 줄 알고 불을 조종하며 변신할 수도 있다.

이프리트는 착한 이프리트와 악한 이프리트가 있다. 착한 이프리트에 빙의된 인간은 세상을 구하는 위대한 성자가 되지만, 악한 이프리트에게 빙의된 인간은 정신이 이상해져 나쁜 짓을 일삼는다고 한다.

고대 이스라엘 왕국의 솔로몬 왕은 천사에게 받은 반지의 힘으로 이프리트를 조종할 수 있어서 예루살렘 신전을 건축할 때 이프리트를 불러냈다고 한다.

몬스터 박사의 호기심 사전

이프리트의 캐릭터는 전 세계적으로 유명하다. 많은 창작물에 등장하는데, 특히 디즈니 영화 〈알라딘〉에 나오는 지니가 대표적이다. 오랜 시간 어딘가에 갇혀 있다 등장할 때가 많다.

몬스터 정보

| 희소성 | ★★ | 크기 | 거대 | 생김새 | 몸통이 거대한 연기처럼 보인다. |
| 특징 | 마술을 부리며 특히 불을 조종한다. | | | 활동장소 | 모든 곳 | 나라·지역 | 중동 |

좀비

죽은 줄 알았던 인간이 돌아다닌다!

좀비란 움직이는 시체를 말한다. 원래는 서아프리카 등에서 믿는 종교인 부두교의 사제가 마술의 힘으로 죽은 사람을 되살려 감정 없이 움직이는 인형처럼 만든 것이 그 시작이라고 한다. 죽은 자의 영혼은 항아리 안에 봉인되어 있는데, 영혼이 풀려나지 않는 한 좀비를 노예처럼 계속 부릴 수 있다.

농장 등에서 죽은 자를 되살려 일을 시켰다고 한다. 이들은 이미 죽어서 감정이 없고 지치지도 않아 끊임없이 일할 수 있다. 최근에는 달릴 수 있는 좀비도 나타났고, 인간을 물어 똑같은 좀비로 만드는 좀비 등 옛날에 비해 더욱 강력한 몬스터로 변하고 있다.

좀비라는 이름은 서아프리카의 정령인 '은잠비'에서 유래되었다. 은잠비는 아프리카 지방에서 믿는 신의 이름인데, 그 의미와 내용이 조금씩 달라지고 있다.

미국 군대에서 지구 전체가 좀비에게 습격당했을 때를 대비해 작전을 세우고 있다는 사실이 밝혀져 세계적인 큰 화제가 되기도 했다.

몬스터 박사의 호기심 사전

좀비

좀비는 땅에 묻힌 시체

인간이 죽은 뒤 시체를 땅에 묻는 것을 '매장'이라고 한다. 시체는 흙 속에서 조금씩 부패하는데, 이렇게 부패가 시작된 시체가 깨어나 지상으로 올라온 것이 좀비이다. 피곤함을 모르는 좀비는 농장의 노예로 인기가 많았지만, 점점 몸이 썩어 들어가 몇 개월 지나면 뼈만 남게 된다.
심하게 부패된 시체는 좀비로 만들어도 제대로 움직이지 못해서 노예로 부리지 못한다. 그래서

좀비를 원하는 사람들은 땅에 묻힌 시체를 되도록 빨리 좀비로 되살리려고 마을에서 사람이 죽었다는 소식이 들리면 바로 무덤에 모여들었다고 한다. 이러한 이유로 시체를 묻은 가족은 안심할 수 없었고, 죽은 가족을 좀비로 만들지 못하게 하려고 무덤을 지켰다는 이야기도 있다.

매장을 하는 나라는 여전히 많다. 땅속에 시체가 든 관이 묻혀 있다.

좀비를 조종하는 부두교

시체를 좀비로 깨어나게 하려면 부두교의 마술사에게 부탁해야 한다. 부두교란, 서아프리카 지역에서 믿는 종교이다. 강과 나무 등 자연물 하나하나에 신이 존재한다고 믿으며, 신에게 동물을 제물로 바치거나 북을 울리며 춤과 노래로 의식을 치른다. 좀비라는 말의 기원이 된 '은잠비'는 부두교의 정령으로, 서아프리카에서는 세계를 지키는 신으로서 중요한 존재이다. 부두교를 믿는 사람 중 저주와 같은 나쁜 마술을 사용하는 사람들을 '보코'라고 부르는데, 이들이 좀비를 만들 수 있다. 노예를 원하는 사람에게 돈을 받은 보코는 노예로 사용하기 좋은 시체를 찾아 좀비로 만든다. 서아프리카에서는 아직도 부두교 의식에 사용하는 도구를 파는 시장이 열리고 있다.

춤추고 노래하며 부두교 의식을 치르는 모습

부두교 의식에서 사용하는 도구를 팔고 있다.

티폰

제우스를 무찌르고 우주까지 파괴하는 최강 재앙의 신

에키드나(→P190)의 남편으로, 불처럼 타오르는 눈을 가졌다. 상반신은 근육질인 남성이고 하반신은 커다란 뱀이며 양쪽 어깨에 100마리의 뱀이 얼굴을 내밀고 있다. 전설에 따르면, 새의 날개가 달렸다고도 한다.
우주에 닿을 정도로 몸집이 크며 매우 사납고 난폭해서 지구를 모조리 태우고 하늘을 파괴하며 우주를 무너뜨릴 수 있다고 한다. 그리스 신화에 등장하는 최강, 최대 몬스터이다.
신들의 왕인 제우스도 티폰에게 패해 손발을 움직이지 못할 정도로 공격당한 채 동굴에 갇힌 적이 있다. 동굴에서 구출된 제우스는 다시 한번 티폰에게 싸움을 청했고, 제우스에게 패한 티폰은 우주의 지옥에 봉인되었다고 한다.

몬스터 박사의 호기심 사전

재앙의 신인 티폰은 바람을 자유자재로 조종할 수 있다. 바람을 다루는 여러 신과 수많은 몬스터의 아버지이기도 하다. 태풍을 뜻하는 영어 단어 '타이푼(typhoon)'의 어원이 티폰(typhon)이라고도 한다.

아라크네

실을 능숙하게 다루는 인간과 거미의 합체 몬스터

여성과 거미가 합쳐진 몬스터로 상반신은 여성, 하반신은 거미일 때가 많다. 아라크네는 그리스어로 '거미' 또는 '거미 집'을 뜻한다. 거미줄을 능숙하게 다루며, 인간을 포획해 잡아먹는다.

인간이었을 때의 아라크네는 직물 짜기에 능숙한 장인으로, 세계 최고의 실력자였다. 하지만 너무 자만한 나머지 직물의 여신인 아테나와 직물 짜기를 겨루게 된다.

직물의 여신에게 도전한 아라크네는 매우 멋있는 직물을 완성했지만, 아테나의 아버지인 제우스를 조롱하는 무늬를 수놓아 아테나를 화나게 하고 말았다. 자기 죄를 인정한 아라크네는 스스로 죽음을 선택했지만, 아테나는 용서하지 않고 투구꽃의 즙을 뿌려 아라크네를 거미 몬스터로 만들어 버렸다.

몬스터 박사의 호기심 사전

거미 몬스터는 실에 매달려 인간을 포획하기 위해 아름다운 여성의 외모로 나타나 유혹할 때가 많다.
일본에도 '조로구모'라는 아름다운 여성과 거미가 합쳐진 모습의 몬스터가 있다.

몬스터 정보

희소성	★	크기	인간 정도	생김새	상반신은 여성이고 하반신은 거미
특징	거미줄을 조종하며 인간을 포획한다.		활동장소	야외	나라·지역	유럽

메두사

눈을 마주친 인간을 돌로 만드는 위험한 몬스터

메두사의 이름에는 '여성 지배자', '여왕'이라는 뜻이 있다. 눈이 보석처럼 빛나며 머리에는 수많은 독사가 머리카락처럼 달려 있다. 멧돼지의 이빨, 청동으로 만들어진 손을 가진 최강의 몬스터이다.

메두사의 눈을 바라본 인간은 돌로 변한다고 한다. 돌로 변한 인간을 원래대로 되돌리려면 메두사의 눈물을 사용해야 한다. 머리에 자란 뱀은 '메두시아나'라고 부르는데, 각각 움직일 수 있다. 메두시아나는 남성만 물 수 있고 여성은 물 수 없다.

메두사는 원래 예쁜 소녀였는데, 자기 머릿결이 그리스 신화의 여신 아테나보다 아름답다고 자만하는 바람에 아테나의 분노를 사고 말았다. 아테나는 메두사의 예쁜 얼굴을 소름 돋는 얼굴로 변하게 했고, 아름다운 머리카락 한 올 한 올을 뱀으로 바꿔 버렸다.

메두사는 세 자매 중 셋째로, 장녀인 '스텐노'와 차녀인 '에우리알레'라는 언니들이 있다. 셋을 합쳐 '고르곤 세 자매'라고 부른다.

몬스터 정보

희소성	★★	크기	인간 정도	생김새	머리에 달린 수많은 독사
특징	눈을 보면 돌로 변한다.	활동장소	야외	나라·지역	그리스

몬스터 박사의 호기심 사전

메두사

메두사를 퇴치한 페르세우스

예쁜 소녀였던 메두사는 아테나를 화나게 만들어 몬스터로 변했다. 눈을 마주 보기만 해도 상대를 돌로 만드는 능력을 지닌 메두사였지만, '페르세우스'라는 영웅에게 목숨을 잃고 말았다. 페르세우스는 방패를 이용해 메두사의 눈을 쳐다보지 않고 머리를 잘라내는 데 성공했다. 메두사는 비록 목숨은 잃었지만, 상대방을 돌로 만드는 마력은 남아 있던 탓에 메두사의 머리는 페르세우스의 훌륭한 무기가 되었다. 싸움터에서 메두사의 머리는 수많은 적군을 차례차례 돌로 만들어 버렸다. 페르세우스가 고향으로 돌아간 뒤에는 아테나의 방패에 장식되어 가장 강력한 방패로서 아테나를 보호하게 되었다.

메두사의 머리를 손에 든 페르세우스 조각상

메두사가 낳은 예술

무시무시한 생김새와 눈이 마주친 인간을 돌로 만들어 버리는 메두사 신화는 많은 예술가의 상상력을 자극해 다양한 작품을 탄생시켰다.

미켈란젤로
방패에 그려진 메두사는 용감하게 적을 쓰러뜨리는 페르세우스를 나타낸다.

루벤스
잘려 나간 메두사의 목. 겁에 질려 눈을 부릅뜨고 있다.

루카 조르다노
페르세우스가 메두사의 머리로 적을 돌로 만들고 있다.

번 존스
메두사와 직접 눈이 마주치면 돌로 변하므로 물에 비쳐 보고 있다.

늑대인간

인간의 피와 고기에 맹렬하게 달려드는 몬스터

늑대인간은 인간과 늑대를 절반씩 섞어 놓은 모습이다. 종종 늑대 머리에 인간의 몸통일 때도 있으며 인간의 모습에 늑대의 영혼이 빙의되는 등 모습이 다양하다. 때로는 늑대 여인도 존재하며 수컷인지 암컷인지 구분할 수 없는 늑대인간도 있다.

늑대인간은 평소에는 평범한 인간이지만, 보름달이 뜨는 날 밤 갑자기 괴로워하다 손발톱이 길어지고 온몸이 털로 뒤덮이며 엄니가 뾰족해지면서 늑대인간으로 변신해 인간을 공격한다고 한다. 그중에는 늑대인간으로 변신했을 때의 기억이 사라져 자신이 늑대인간이라는 것을 알지 못하는 인간도 있다. 보름달 밤에 갑자기 변신하므로 낮에는 활동하지 않는다.

늑대의 수가 줄어 늑대인간도 줄어든 것 같지만, 늑대가 서식하는 나라에서는 지금도 늑대인간을 목격했다는 제보가 잇따르고 있다.

몬스터 박사의 호기심 사전

늑대인간은 세계 곳곳에서 난동을 부린다. 1968년 아르헨티나 멘도사주 구티에레스에서 늑대인간이 목격됐다. 남미에서는 2000년대에도 목격담이 나오고 있다. 2006년 11월 미국에서도 늑대인간의 모습이 목격되었다.

몬스터 정보

희소성	★	크기	인간 정도	생김새	인간과 늑대가 절반씩 섞인 모습
특징	인간을 잡아먹고, 밭이나 숲을 파헤친다.			활동장소	야외	나라·지역	전 세계

켄타우로스
사납게 날뛰는 위험한 말 몬스터

켄타우로스는 그리스 신화에 등장하는 종족이다. 상반신은 인간이고 하반신은 말의 모습이다. 난폭한 성격이며 머리는 그리 좋지 않다. 생고기를 먹는 등 야수에 가까운 생활을 한다. 켄타우로스는 술을 매우 좋아해 술에 취하면 활과 창 등의 무기를 휘두르며 날뛴다. 하지만 그리스 신화에 등장하는 '케이론'이라는 켄타우로스는 온순하고 머리가 꽤 좋다고 한다. 그리스 중부에 살던 라피타이족의 왕 페이리토스의 결혼식에 초대받은 켄타우로스족이 술에 취해 신부와 라피타이족 여성들에게 무례를 일으킨 대가로 라피타이족과 전쟁을 치르기도 했다. 전쟁에서 진 켄타우로스족은 그리스의 남쪽 지방인 펠로폰네소스 반도로 달아나고 말았다.

몬스터 박사의 호기심 사전

별자리 중 하나인 사수자리는 켄타우로스와 관련이 있다. 근처에 있는 전갈자리의 전갈이 날뛰면 바로 죽일 수 있도록 늘 활을 쥐고 있다. 또한 별자리 중 '켄타우로스자리'도 있는데, 오래된 별자리 중 하나이다.

바바야가

절구를 타고 이동하는 러시아의 할머니 몬스터

러시아의 몬스터인 바바야가는 뼈와 피부만 남은 앙상한 몸통에 다리에는 뼈만 남은 할머니의 모습을 하고 있다.
어린아이를 유괴해 잡아먹는 몬스터이지만, 마음씨 착한 인간을 도와주기도 한다. 깊은 숲속, 닭 다리가 지탱하고 있는 낡은 오두막에 살며, 마당과 실내에는 바바야가가 먹어 치운 인간의 뼈가 흩어져 있다. 길쭉한 절구 위에 앉아 오른손에 쥔 절굿공이를 이용해 이동하고 왼손에 쥔 빗자루로 이동한 흔적을 지운다고 한다.
러시아 민화에 자주 등장하는 마녀 같은 존재이며 일본의 몬스터인 '야맘바'와 비슷하다.

몬스터 정보

- **희소성**
- **크기** 인간 정도
- **생김새** 뼈와 피부만 남은 앙상한 몸에 뼈만 남은 다리
- **특징** 어린아이를 유괴해 잡아먹지만, 착한 사람을 도와주기도 한다.
- **활동장소** 숲
- **나라·지역** 러시아

모래 사나이
모래를 뿌려 어린아이를 재우는 친절한 요정

잠을 부르는 요정으로, 모래를 담은 자루를 어깨에 짊어진 노인의 모습이다. 때로는 노인이 아닌 젊은 남성이거나 그 모습이 보이지 않을 때도 있다. 자루 안의 모래를 인간의 눈에 뿌려 그 모래가 눈에 들어가면, 그 인간은 눈을 뜨지 못하고 잠들어 버린다. 그래도 잠들지 않으면 모래 사나이가 인간이 잠들 때까지 인간의 눈꺼풀을 물어뜯는다. 독일에서는 어린아이가 밤에 자지 않으면 모래 사나이가 온다고 겁을 줘서 잠을 재우는 문화가 있었다고 한다.

몬스터 정보

- **희소성**: ★☆☆
- **크기**: 인간 정도
- **생김새**: 자루를 등에 멘 노인의 모습
- **특징**: 자루 안의 모래를 꺼내 인간의 눈에 뿌려 잠들게 한다.
- **활동 장소**: 침실
- **나라·지역**: 독일

키클롭스

무기 만들기가 취미인 외눈박이 거인

키클롭스는 매우 거대한 몸집에 이마에 눈이 하나만 달렸다. 인간을 잡아먹는 매우 난폭한 거인 몬스터이다.
'오디세우스'라는 영웅이 키클롭스가 사는 섬을 방문했다가 키클롭스에게 붙잡히고 말았다. 오디세우스는 마침 갖고 있던 포도주를 키클롭스에게 먹여 취하게 한 뒤, 그 틈을 타서 눈을 멀게 해 무사히 탈출했다는 전설이 있다.
한편, 키클롭스는 원래 신이라는 이야기가 전해 내려온다. 실력이 뛰어난 대장장이여서 제우스나 포세이돈, 하데스 등 그리스 신화의 유명한 신들에게 다양한 도구를 만들어 주었다고 한다.

몬스터 박사의 호기심 사전

키클롭스는 원래 신이었던 몬스터로, 외눈박이에 솜씨 좋은 대장장이였다. 일본의 외눈박이 몬스터 '잇폰다타라'도 '아메노 마히토츠노카미'라는 대장장이 신이 변한 몬스터라고 추측된다.

몬스터 박사의 호기심 사전

키클롭스
신에게 미움받은 거인족

그리스 신화에 등장하는 거인족인 키클롭스는 원래 신의 자식으로 태어났다. 형제가 무척 많았는데, 그중에서도 '헤카톤케이레스'와 '티탄' 그리고 '기가스'는 키클롭스처럼 거인이었다. 이 거인 몬스터들은 거인족이라고 불렸다. 흉측한 외모 때문에 아버지인 신에게 미움을 받았고, 그중에서도 키클롭스와 헤카톤케이레스는 명도(→P194)에 갇히고 말았다.

산 너머 상반신을 내민 키클롭스

코끼리 두개골과의 관계

키클롭스의 모습이 코끼리와 관련되었다는 이야기가 있다. 코끼리는 코가 길고 커서 머리뼈의 이마 부분이 움푹 파여 있다. 코끼리를 본 적 없는 옛날 사람들은 코끼리 머리뼈를 보며 움푹 파인 곳에 커다란 눈 하나가 달린 거인을 상상했다. 그래서 코끼리의 머리뼈가 거인 몬스터, 키클롭스의 뼈라고 잘못 알려지기도 했다.

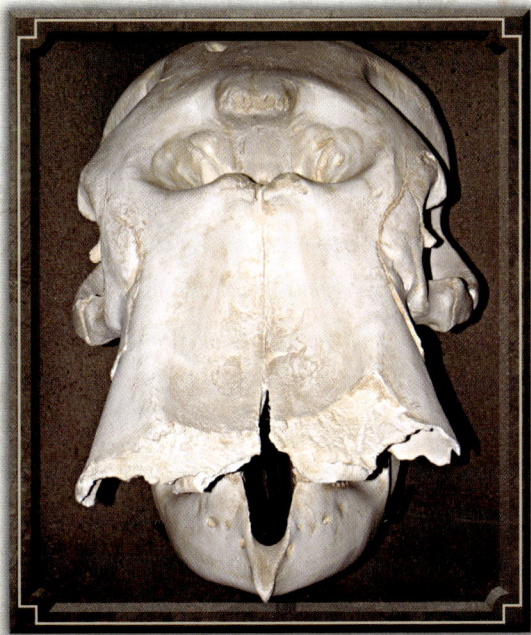

코끼리 머리뼈의 이마 중앙에 있는 움푹 파인 부분을 보며 키클롭스의 외눈이라고 상상했다.

키클롭스와 닮은 일본의 몬스터

일본의 '잇폰다타라'라는 외눈박이 몬스터는 12월 20일에만 산에 나타나 눈 위에 발자국을 남긴다. '아메노 마히토츠노카미'라는 대장장이 신이 타락한 모습이라고도 하는데, 생김새뿐 아니라 대장장이 신이라는 특징도 키클롭스와 닮았다. 그리스 신화에는 '헤파이스토스'라는 대장장이 신이 있는데, 헤파이스토스 역시 외눈박이라고 한다.

프랑켄슈타인

슬픈 운명을 짊어진 인조인간

키가 2m가 넘는 거대한 체격으로, 옆머리에 전기 장치가 박혀 있으며 인간의 시체를 누덕누덕 이어 붙인 모습을 하고 있다. 성격은 매우 온순하며 머리도 좋아 몇 개월 만에 언어를 익힌다고 한다.

'빅터 프랑켄슈타인'이라는 학생이 만든 인조인간이며, '프랑켄슈타인'은 이 몬스터를 창조한 인간의 이름이다. 사실 이 몬스터에게는 이름이 없다. 이 몬스터는 흉측한 생김새 때문에 만들어지고 얼마 지나지 않아 버려졌다. 그 후 마주친 인간마다 자신을 두려워하자 점점 마음씨까지 삐뚤어졌다. 결국 복수를 위해 인간을 공격하게 되었고, 마지막에는 절망한 나머지 스스로 목숨을 끊고 말았다.

몬스터 정보

희소성	★☆☆
크기	2m 이상
생김새	누덕누덕 이어 붙인 거대한 몸통, 머리 옆에 전극이 있다.
특징	인간의 마음씨를 가졌으며 체력이 강하고 머리가 좋다.
활동 장소	실험실
나라·지역	유럽

머메이드

바다에 사는 아름다운 인어

머메이드는 '인어'라는 뜻이다. 남성 인어는 '머맨'이라고 한다. 세계 곳곳의 바다에서 목격되며 유명한 몬스터 중 하나이다.
상반신은 인간이며 하반신은 물고기일 때가 많지만, 드물게 상반신이 물고기이고 하반신이 인간일 때도 있다. 인간인 부분은 알몸이며 양쪽으로 갈라진 꼬리지느러미가 달렸을 때가 많다.
유럽에서 유명한 머메이드 이야기로는 '로렐라이 전설'이 있다. 독일 라인강에 사는 머메이드 '로렐라이'의 노랫소리를 들으면 물에 뛰어들거나 배의 키를 제대로 잡지 못해서 배를 침몰시킨다고 한다.
한편, 일본에서는 머메이드의 고기를 먹으면 불로불사의 몸이 된다고 믿는다. 하지만 머메이드를 포획하면 바다의 신이 분노해 파도가 거칠어진다는 이야기도 전해진다.

몬스터 정보

- **희소성**: ★
- **크기**: 인간 정도
- **생김새**: 상반신은 인간이고 하반신이 물고기인 모습
- **특징**: 노랫소리로 인간을 조종한다. 머메이드를 잡으면 바다가 거칠어진다.
- **활동장소**: 바다
- **나라·지역**: 전 세계

몬스터 박사의 호기심 사전

머메이드

머메이드의 정체는 듀공?

머메이드의 정체가 사실은 '듀공'이라는 동물일지도 모른다는 이야기가 있다.
듀공의 둥글둥글 통통한 생김새가 아름다운 여성처럼 보이지는 않는다. 하지만 옛날에는 통통한 여성을 미인이라고 생각했다. 토실토실한 몸으로 여유 있게 헤엄치는 듀공의 모습을 보고 아름다운 여성이 우아하게 헤엄치는 것으로 착각했을지도 모른다.
또한 듀공의 고기는 영양이 풍부해 식용으로 쓰였는데, 듀공을 먹으면 장수할 수 있다고 믿었다. 머메이드의 고기를 먹으면 늙지도 않고 죽지도 않는다는 전설과 비슷하다.

듀공이 헤엄치는 모습은 매우 우아하다.

세계 곳곳의 머메이드

유럽의 머메이드는 아름다우며 남성을 유혹하는 존재이지만, 일본의 인어는 배를 침몰시키는 해일을 일으키거나 재앙을 몰고 오는 악한 존재이다.
머메이드처럼 아름다운 모습일 때도 있지만, 인간의 얼굴을 한 물고기의 모습을 하고 있을 때도 있다.
일본에서는 '인어'를 '인간처럼 보이는 물고기'라고 생각했다. 불길하게 생긴 모습 탓에 재앙을 부르는 존재라고 생각했을 것이다.

에도시대에 그려진 일본의 인어. 매우 흉측한 모습이다.
일본 국립 국회도서관 소장 <금석백귀습유>

심해 카메라에 찍힌 머메이드

2013년 3월, 북미 대륙과 접한 그린란드의 심해를 조사하던 과학자들이 창을 두드리는 신비한 생물과 마주쳤다. 금세 사라지고 말았지만, 인간의 상반신에 물고기의 하반신을 한 모습이 그야말로 전설의 머메이드와 똑같았다. 이때 촬영한 영상이 인터넷에 공개되었지만, 안타깝게도 조작된 영상이라는 사실이 밝혀졌다.
이 밖에도 머메이드의 영상이 여러 편 공개되었는데, 어쩌면 그중에 진짜 머메이드가 존재할지도 모르겠다.

세계 곳곳의 머메이드

유럽의 머메이드는 아름다우며 남성을 유혹하는 존재이지만, 일본의 인어는 배를 침몰시키는 해일을 일으키거나 재앙을 몰고 오는 악한 존재이다.
머메이드처럼 아름다운 모습일 때도 있지만, 인간의 얼굴을 한 물고기의 모습을 하고 있을 때도 있다.
일본에서는 '인어'를 '인간처럼 보이는 물고기'라고 생각했다. 불길하게 생긴 모습 탓에 재앙을 부르는 존재라고 생각했을 것이다.

에도시대에 그려진 일본의 인어. 매우 흉측한 모습이다.
일본 국립 국회도서관 소장
<금석백귀습유>

심해 카메라에 찍힌 머메이드

2013년 3월, 북미 대륙과 접한 그린란드의 심해를 조사하던 과학자들이 창을 두드리는 신비한 생물과 마주쳤다. 금세 사라지고 말았지만, 인간의 상반신에 물고기의 하반신을 한 모습이 그야말로 전설의 머메이드와 똑같았다. 이때 촬영한 영상이 인터넷에 공개되었지만, 안타깝게도 조작된 영상이라는 사실이 밝혀졌다.
이 밖에도 머메이드의 영상이 여러 편 공개되었는데, 어쩌면 그중에 진짜 머메이드가 존재할지도 모르겠다.

몬스터 정보

희소성 ★☆☆ **크기** 다양하다. **생김새** 보는 사람에 따라 달라진다.
특징 어린아이를 납치해 잡아먹는다. **활동장소** 아이의 방 **나라·지역** 유럽, 미국

부기맨

밤에 아이들을 노리는 수수께끼 몬스터

부기맨은 남성일 때가 많지만, 지역에 따라 여성일 때도 있다. 그 모습은 지역이나 목격자에 따라 다르다.

부기맨은 대부분 밤에 나타나며 좀처럼 잠들지 않는 아이들 앞에 갑자기 모습을 드러낸다. 나타나는 장소도 다양하지만, 대부분은 숨어 있기 쉬운 집 안 구석진 곳이다.

예부터 유럽이나 미국의 아이들은 부기맨 이야기를 믿어 왔다. 아이들에게 사마귀를 옮기거나 서랍장 안과 침대 밑에 숨어 있다가 갑자기 놀라게 하고 손톱으로 창을 긁어 소리를 내는 등 주로 사소한 장난을 친다. 하지만 때때로 밤늦게까지 자지 않는 아이들을 잡아먹기도 한다.

몬스터 박사의 호기심 사전

부기맨이 무서운 이유는 가장 안심할 수 있는 공간인 집에 나타나 갑자기 공격한다는 점이다. 잠들지 못한 밤에 캄캄한 방의 서랍장이나 옷장, 침대 밑에서 소리가 난다면 부기맨이 나타난 것일지도 모른다.

세계 몬스터 서식 지도

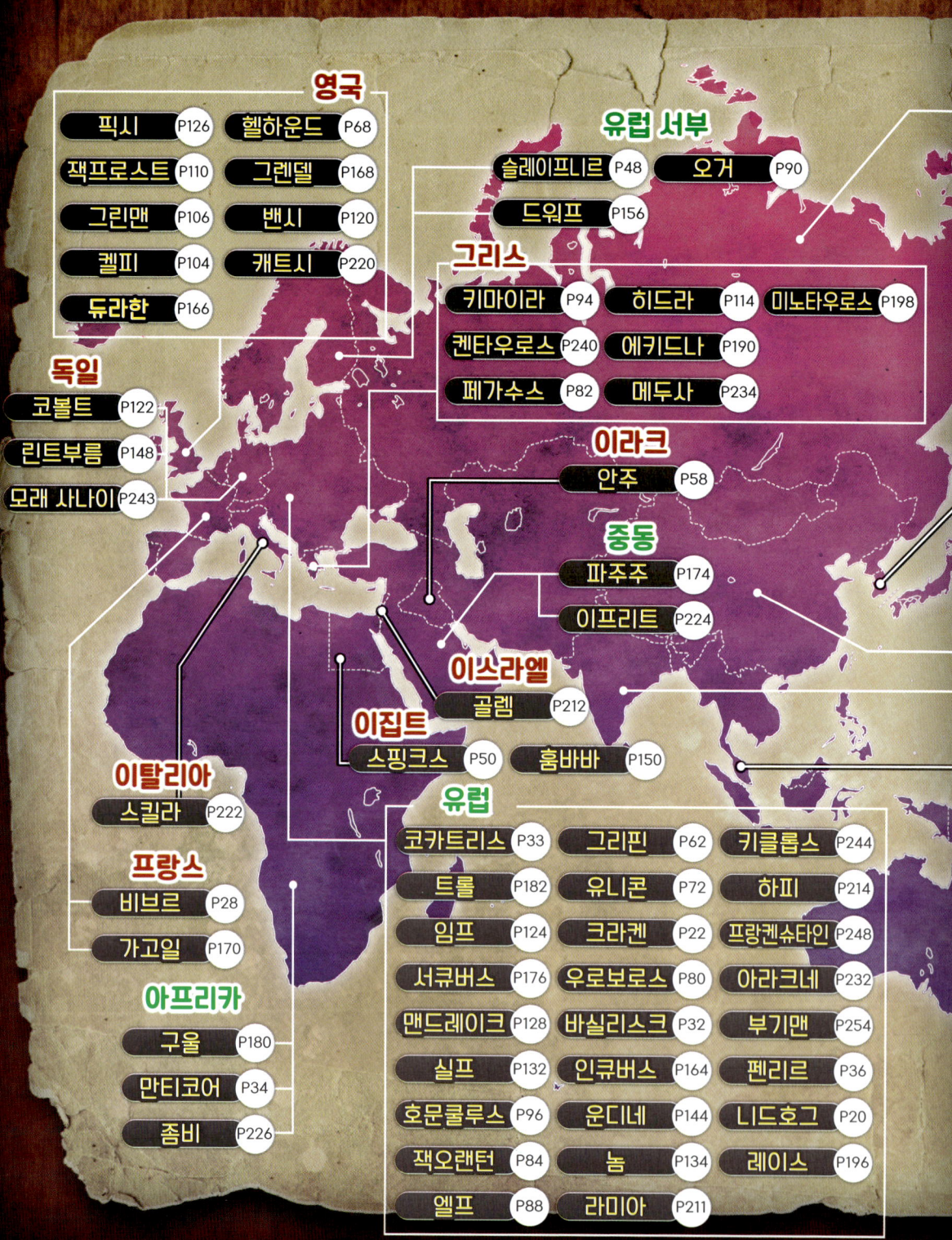

몬스터는 세계 곳곳에서 모습을 드러낸다. 이 책에 소개한 몬스터들이 어디에서 살고 있는지 세계 지도에서 확인해 보자. 특히 유럽에 다양한 몬스터가 존재한다는 것을 알 수 있다.

세계 곳곳에서 모습을 드러내는 몬스터는 표시하지 않았다.

러시아
- 레시 P112
- 바바야가 P242
- 베니크 P107

캐나다
- 웬디고 P136

한국
- 달걀귀신 P143

미국
- 선더버드 P70
- 스컹크 P160

중국
- 형천 P210
- 강시 P216
- 기린 P60
- 봉황 P92
- 촉음 P102
- 혼돈 P181
- 궁기 P188
- 화서 P142
- 도올 P165
- 백택 P158

멕시코
- 케찰코아틀 P64

파라과이
- 카벙클 P78

칠레
- 촌촌 P162

인도
- 나가 P30
- 가루다 P26

말레이 반도
- 페난가란 P186